성희롱 예방 체계와 여성주의 장치

안정은

성희롱 예방 체계와 여성주의 장치

초판 1쇄 인쇄 · 2018년 8월 15일
초판 1쇄 발행 · 2018년 8월 20일

지은이 · **안정은**
펴낸이 · **한봉숙**
펴낸곳 · **푸른사상사**

주간 · 맹문재 | 편집 · 지순이 | 교정 · 김수란
등록 · 1999년 7월 8일 제2−2876호
주소 · 경기도 파주시 회동길 337−16 푸른사상사
대표전화 · 031) 955−9111(2) | 팩시밀리 · 031) 955−9114
이메일 · prun21c@hanmail.net / prunsasang@naver.com
홈페이지 · http://www.prun21c.com

ⓒ 안정은, 2018

ISBN 979−11−308−1359−2   93330

값 20,000원

이 도서의 국립중앙도서관 출판예정도서목록(CIP)은
서지정보유통지원시스템 홈페이지(http://seoji.nl.go.kr)와
국가자료공동목록시스템(http://www.nl.go.kr/kolisnet)에서
이용하실 수 있습니다.(CIP제어번호 : 2018025141)

성희롱
예방 체계와
여성주의 장치

안정은

Sexual
harassment
prevent system
and Feminist
apparatus

푸른사상
PRUNSASANG

2018년 1월 29일, 한국은 미투운동의 서막을 올리게 되었다. 대한민국 현직 서지현 검사는 JTBC 〈뉴스룸〉 방송에서 "꼭 하고 싶은 말이 있어서 (방송에) 나왔습니다. 범죄 피해자 분들께, 성폭력 피해자 분들께 '결코 당신의 잘못이 아니다'라고 얘기해주고 싶어서 나왔습니다. 제가 그것을 깨닫는 데 8년이 걸렸습니다."라고 검찰 내 성희롱 사건을 폭로하였다. 서지현 검사는 조직 내 성희롱 사건은 피해자가 잘못이 없음에도 오히려 피해자에게 잘못을 묻고 불이익을 주는 성차별적 사회 구조의 문제임을 지적하였다. 이 사건은 성차별적 사회 구조의 변화를 요구하는 미투운동의 시작이 되었고, 이후 전 영역으로 미투(나도 피해자다), 위드유(피해자를 지지한다) 운동으로 확장되었다. 그리고 2018년 초 문재인 대통령까지 "미투운동을 적극 지지한다"며 젠더 폭력을 근본부터 바로잡아야 한다고 강조하기에 이른다. 하지만, 국민들의 큰 관심을 받고 변화를 기대했던 서지현 검사 사건은 2018년 6월까지 제대로 수사되지 않고 되려 2차 피해로 이어졌으며, 정상적인 근무가 어려워 결과적으로 과거와 달라진 것이 거의 없는 상황이 되었다.

우리나라에 큰 파장을 일으킨 사건이었음에도 불구하고 과거 성희롱 사건과 크게 다르지 않은 결과가 나타난 이유는 무엇일까? 과연 성희롱 문제를 해결하기 위해서는 어떻게 하여야 할까?

보통 직장 내 성희롱 사건을 해결하는 방법은 사후 구제 방법과 사전 예방 방법으로 나누어볼 수 있다. 사후 구제 방법은 사건이 발생한 이후 피해자를 구제하는 방법인데, 성희롱과 관련된 편견과 관행이 유지되는 한 한계를 가질 수밖에 없다. 특히 피해자의 노동권과 건강권을 보호하기 어렵고 사용자의 책임은 희석된다. 또한 법률상 성희롱 성립 유무를 판단함에 있어 '행위를 누가, 언제, 어디서, 어떻게 하였는지', 즉 행위 중심으로 진행되기 때문에 성희롱이 발생하는 환경 및 문화 등 구조를 가시화하기 어렵다. 그리고 사후 구제 방법은 가해자가 징계 또는 처벌을 받고 사건이 종료되므로, 성희롱 문제를 공론화한 후 발생하는 2차 피해는 드러내기 어렵다.

노무사로서 성희롱 피해자 부당 해고 구제 사건을 수차례 대리하면서 사후 구제의 한계 또한 여러 번 경험하게 되었다. 그중 한 사례를 소개한다. 성희롱 피해자는 기업 인사 담당자로 채용되었는데, 입사 후 2개월 동안 가해자(사용자)로부터 주말마다 '조직문화와 경영 방향에 대하여 이야기한다'는 명목으로 골프와 등산을 강요받았고 '1박 2일로 등산 가자'는 제안까지 받게 되었다. 피해자가 이를 거부하자 가해자는 8개월 동안 지속적인 괴롭힘 끝에 업무 능력이 부족하다는 이유로 피해자를 해고하였다. 피해자의 부당한 대우는 8개월 동안 업무상 다양하게 행해졌다. 피해자보다 직위가 낮은 직원 앞에서 소리를 지르거나 욕을 하는 등 모욕을 주고, 피해자 직급에 맞지 않는 단순한 복사, 팩스 보내기 업무를 시킨다거나, 중요한 업무에서 배제하면서 업무 평가를 낮게 주는 방법 등으로 이루어졌다. 다음 해 가해자는 인사고과에서 업무 능력이 부족하다는 이유로 피해자를 해고하였다. 이후 피해자가 성희롱과 부당 해고로 사건을 제기하자, 가해자는 사건 진행 과정에서 '피해자는 처음부터 성희롱을 문제 제기하기 위하여 자료를 모은 것이다! 성희롱 문제 제기는 계획적인 것이다!'라며 피해자를 부도덕한 사람으로 몰고 갔다. 피해자는 사건 진행 과정에서 겪게 되는 괴로움으로 법률 분쟁을 포기하려고 하였으며, 오히려 '골프와 등산을 따라간 것은 제 잘못인 것 같아요'라고 자책하는 모습을 보이기도 했다. 또한, 해당 사건은 행위자−피해자 당사자 간 개인의 문제로 치부되고 노동권과 무관한 문제로 주장되기도 하였으며, 성희롱을 주장한 피해자를 조직 부적응자로 몰아가기도 하였다. 이처럼 성희롱 피해자의 부당 해고 구제 사건을 진행하면서, 성희롱에 대한 편견과 사회적인 통념이 유지되는 상황에서 피해자 중심주의로 2차 · 3차 피해를 최소화하면서 구제하는 데 한계가 있음을 느끼게 되었다. 많은 노동 현장에서 성희롱 피해자는 노동권을 침해받은 자가 아닌 '사소한 것을 문제 제기하여 한몫

챙기려고 하는 음흉한 사람'으로 몰리고 있었다. 그러나 성희롱이 중요하지 않은 개인의 문제로 치부되고 성차별적인 구조가 유지되고 있는 상태에서 성희롱을 문제 제기하는 것은 매우 어려우며, 피해자를 보호하고 구제하는 데 한계를 가질 수밖에 없다.

노동 현장에서 발생하는 성희롱 사건 처리 경험은 성희롱 문제를 해결하기 위해서는 성차별적인 사회 구조에 균열을 내는 작업이 필요함을 알게 해주었다. 그리고 이에 대한 방안을 찾기 위하여 여성학 공부를 시작하게 되었다. 공부를 하면서 성희롱 문제를 '노동권을 침해하는 고용 환경의 문제이며, 고용상 차별 문제'라는 것을 보다 구체적으로 인식하게 되었다. 또한, '직장 내 성희롱을 효과적으로 해결하기 위한 방안은 무엇일까'라는 물음은 이 글의 초고인 석사 학위논문(「직장 내 성희롱 예방 교육 체계에 관한 연구」, 이화여자대학교, 2016)으로 이어졌다.

직장 내 성희롱의 궁극적인 해결 방법은 성희롱에 대한 인식을 바꿀 수 있는 '예방'이라 할 수 있을 것이다. 연구 초기에는 성희롱을 예방하기 위하여 직장 내 성희롱 예방 교육과 강사에 관심을 가지고 성희롱 예방 교육 강사 과정을 참여 관찰하여 교육 내용의 문제점, 강사의 문제점을 분석하였다. 하지만, 교육 내용과 강사의 문제는 이를 관리·감독하지 않는 행정의 문제와 연결되었고 결국 행정의 관리·감독은 법의 부재와 연계되어 있었다. 이처럼 성희롱 예방은 단순히 성희롱 예방 교육과 예방 교육 강사의 문제가 아니라, 성희롱에 대해 구체적으로 규정되지 않은 법제도와 이를 실행하는 행정 제도까지 연계된 복합적 문제였다. 따라서 성희롱이 예방되기 위해서는 효과적인 예방 체계를 갖추어야 한다는 전제하에 효과적인 예방 교육 체계를 구축하기 위하여 법제도는 성희롱을 예방하고 해결할 수 있는 수준이어야 하며, 이를 실행하기 위하여 행정 정책은 구체성을 갖추어야 하는 것이다.

우리나라의 성희롱 현황을 보면, 첫째, 성희롱 개념은 모호하고 중요하지 않은 문제로 다루어져 성희롱에 대한 문제 제기가 어려운 상황이다. 둘째, 사용자의 책임과 의무가 가벼워 성희롱 예방 효과를 기대하기 어렵다. 셋째, 성희롱 예방 교육을 관리·감독하는 시스템이 부재하고 성희롱 예방 교육 강사 자격 및 제한 또한 없다. 그리고 정부에서 제공하는 자료는 실효성과 접근성이 낮은 상황이다. 그렇다면 우리나라의 직장 내 성희롱을 효과적으로 해결할 수 있는 예방 체계를 구축하기 위해서는 어떻게 해야 할까? 이러한 물음을 가지고 있던 중 성희롱 문제를 처음으로 공론화하였던 미국의 사례를 살펴보게 되었다. 미국의 경우 성희롱을 노동권 및 근로자의 건강권 침해 문제로 명확히 규정하고 사용자에게 무거운 책임과 의무를 부여하고 있다. 또한, 성희롱을 예방하고 해결하기 위하여 법적 장치와 행정적인 수단을 탄탄하게 갖추고 있다. 미국의 성희롱을 노동권 침해로 보는 관점과 효과적인 성희롱 예방 교육 체계 내용은 성희롱 문제를 해결하기 위해서 어떠한 접근이 효과적인지 우리에게 시사하고 있으므로 미국의 성희롱 예방 교육 체계를 살펴보는 것은 의미가 있다. 이 책에서는 여성주의 관점으로 우리나라 성희롱 예방 체계의 문제점과 미국의 사례를 살펴보고 효과적인 성희롱 예방 체계 방안을 여성주의 장치로 규정하고 제시하고자 한다.

성희롱 문제의 궁극적 해결을 위해서는 법제도적인 조건과 사회적인 조건이 모두 변화하여야 한다. 법제도적인 체계 구축은 성희롱을 문제 제기할 수 있는 공식적인 창구를 만든다는 점에서 의미가 크다. 특히 필자가 석사 논문에서 주장하였던 성희롱 개념 명확화, 사용자 책임 강화, 피해자 구제 강화, 직장 내 성희롱 예방 교육 위탁 기관 감시 감독 강화 등 주요 개념이 상당히 반영된 개정 남녀고용평등과일가정양립지원에관한법률이 2018년 5월 29일부터 적용되게 되었는데, 개정된 법률이 노동 현장에서 효과적으로 작동하기를 기대해본다. 하지만, 사회적인 조건이 충족되지 않은 상태에서 법제도만 강화할 경우 오히려 사회적인 반감 등 부정적인 효과가 있을 수 있다. 따라서 성희롱이 발생하는 성별화된 정치·사회 구조적인 측면, 조직 내에서 유지되고 강화되는 성별화된 섹슈얼리티에 대한 분석이 반드시 필요하고 그런 의미에서 성희롱과 관련된 다양한 담론의 장이 마련되고 활성화되어야 할 것이다.

이 책은 사회적인 조건을 적극적으로 분석하지 못하였다는 면에서 한계가 있다. 그러나 이 책이 성희롱을 효과적으로 해결하기 위한 방안을 예방 체계로 제시함으로써 사회적인 조건을 변화시킬 수 있는 단초가 되기를 기대하며, 앞으로 성희롱 관련 예방 체계 개선과 성희롱을 둘러싼 다양한 담론이 사회적으로 활발히 열리기를 기대한다.

마지막으로, 나의 문제 제기가 의미 있으며 필요한 연구라 믿어주시고 논문이 책으로 나오기까지 격려해주신 조순경 선생님께 깊은 감사의 말씀을 드리고 싶다. 지칠 때마다 응원해주고 지지해준 가족과 본인의 길을 꿋꿋이 나아가는 배성신 루나, 공부하는 동안 법인을 든든하게 지켜준 양은선 팀장님, 그리고 더 나은 세상을 만들기 위해서 고민하고 행동하는 나의 배우자이자 동지인 이지환에게 진심으로 고마움을 전한다.

2018년 7월

안 정 은

차례

제3장 우리나라 성희롱의 특징

제4장 우리나라 성희롱 예방 체계의 실태

제5장　미국의 성희롱 예방 체계 특징

제1장

성희롱, 노동권의 문제이다

1. 성희롱, 고용 환경 문제

최근 'ME, TOO 운동'과 'YOU, TOO 운동'이 여성노동과 성차별에 대한 문제 제기로 확산되고 있다. ME, TOO 운동은 직장 내 만연하고 있는 성희롱을 가시화하고, 피해자이지만 직장 내 권력 관계 속에서 문제를 제기하지 못했던 여성들을 응원하고 지지하는 운동이다. 하지만 직장 내 성희롱 문제는 최근의 문제가 아니라 예전부터 지속적으로 발생하였으며, 이를 해결하기 위하여 법제화된 지 20년이 지났다. 법제화되었음에도 성희롱 문제가 나아지지 않는 현실에서 성희롱을 실효성 있게 해결하기 위한 방법은 무엇인가?

우리 사회의 직장 내 성희롱 문제는 1880년대부터 문제가 제기되었지만, 1990년대 서울대 신 교수 성희롱 사건을 시점으로 하여 여성학자, 활동가들의 투쟁의 결과로 성희롱 금지 및 예방 등에 관한 내용이 1995년 여성발전 기본법[1]으로 규정되었다(박선영, 2011). 그리고 1999년 2월 남녀고용평등법에서 성희롱을 근로 조건과 고용 환경을 저해하는 요인으로 규정하였다.[2] 현재 남녀고용 평등과일가정양립지원에관한법률(이하 남녀고용평등법)과 양성 평등기본법, 국가인권위원회법은 성희롱을 '직장 내의 지위를 이용하거나 업무와 관련하여 다른 근로자에게 성적인 언동 등으로 성적 굴욕감 또는 혐오감을 느끼게 하거나 성적 언동 또는 그 밖의 요구 등에 따르지 아니하였다는 이유로 근로 조건[3]과 고용상 불이익을 주는 위법 행위'로 규정하고 직장 내 성희롱을 금지하고 있다.

'ME, TOO 운동'으로 성희롱 문제가 가시화되고 있지만, 여전히 효과적인 해결 방법은 제시되고 있지 않으며, 피해자가 성희롱 문제를 이야기하기 어려운 환경[4]과 성희롱이 피해자 보호 관점에

---

1   2015년 7월부터 양성평등기본법으로 개정되어 시행되고 있다.

2   노동관계법상 직장 내 성희롱 개념은 1999년 2월 8일 신설되었으며, 현재 남녀고용평등과일가정양립지원에관한법률 제2절 12조부터 14조의 2까지 에 직장 내 성희롱의 금지 및 예방이 규정되어 있다.

3   2018년 5월 29일부터 적용되는 개정 남녀고용평등과일가정양립지원에관 한법률 제2조 성희롱의 정의에 '근로 조건'을 추가하여 근로 환경, 노동권 의 문제임을 명확히 하고 있다.

4   김용준, 「SNS단체대화방 성희롱…끙끙 앓는 피해자들」, MBN 뉴 스, 2015.9.25. http://mbn.mk.co.kr/pages/news/newsView.

서 해결되지 않는 상황이 유지[5]되고 있다.

법제화된 후 20년 가까이 흘렀음에도 직장 내 성희롱 개념은 모호하고 중요하지 않은 문제로 다루어지는 현실에서 성희롱 예방 및 해결은 여전히 고민해야 할 현재의 과제로 남아 있다. 그렇다면 성희롱 문제를 효과적으로 해결할 수 있는 방안은 무엇인가?

직장 내 성희롱은 성폭력의 한 유형으로서 성희롱이 발생하는 근본 원인은 성폭력과 동일하다. 직장 내 성희롱은 남성 중심적인 노동 환경, 이중 성 규범, 젠더 작동 틀 등 위계 및 권력관계로 작동하는 성적 정치와 여성에 대한 통제이며, 성희롱은 여성을 차별하는 기제로 재생산되고 이를 유지 강화시킨다(Weeks, 1986; Ramazanoglu, 1997; 이성은, 1995; 배지선, 2003). 하지만 직장 내 성희롱 문제는 일반 성폭력 사건과 달리 근로자의 생계와 생존을 위한 근로 관계로 종속되어 있다는 특수성을 가진다. 예를 들면, 동일하게 엉덩이를 만진 사건이 업무 관계성이 없는 곳에서 이루어진 경우와 직장 내에서 발생한 경우를 비교해보자. 만원 지하

---

php?category=mbn00009&news_seq_no=2565467

5 온라인취업사이트 사람인(2008), 여성 직장인 729명 대상 설문조사 내용
   엠브레이트렌드보니터(2009), 전국 만 20세 이상 남녀 직장인 설문조사 내용.
   고용노동부, 「직장 내 성차별·성희롱 실태 조사 및 예방 강화방안 연구」, 2014.

철에서 모르는 남성이 여성의 엉덩이를 잡는 성희롱(형법상 성추행 또는 경범죄)을 하였을 경우 피해자는 신고하면 지하철 수색대가 출동하여 사법적인 보호[6]를 받을 수 있고 자리를 옮김으로써 물질적인 상황[7]을 단절시킬 수 있다. 그러나 직장 내 성희롱의 경우 피해자는 성희롱 문제를 제기한 후 사용종속 관계의 연장선에서 발생할 수 있는 '고용상 불이익' 때문에 문제 제기를 주저하게 됨에 따라 많은 문제들이 수면 밑으로 가라앉는 은폐의 특징이 있다. 만약, 문제를 제기한다고 하더라도 피해자 보호 관점에서 적극적으로 보호받기 어려울 뿐만 아니라, 자의든 타의든 고용 관계가 종료되어 근로자의 노동권과 생존권이 박탈되는 경우가 많다. 따라서 직장 내 성희롱 문제는 성별화된 노동 환경에서 취약한 위치에 있는 여성 근로자의 성희롱 피해를 드러내고 근로 관계에 있

---

6 물론 성희롱 피해자가 문제를 제기하는 것은 이중적 성 규범, 피해자 책임 유발론 등으로 상당히 어려운 문제가 될 수 있다. 그러나 직장 외 성희롱의 경우 성희롱 문제를 제기하는 과정에서 이중 규범으로 제3자가 나를 어떻게 볼까? 제3자가 나를 도와줄까? 가해자가 폭력을 행사하지 않을까? 라는 두려움이 있을 수는 있지만, 제3자 및 가해자가 본인의 생존권과 노동권을 좌우하거나 박탈하는 역할을 하지는 않는다.

7 성희롱 행위는 이루어졌기 때문에 이에 대한 피해는 발생했고 심리적인 폭력은 지속될 수 있지만, 고용 관계에서처럼 가해자−피해자가 지속적인 관계를 가지지는 않는다는 의미에서 물질적인 상황은 종료되었다고 표현하였다.

어 보다 두터운 해결 방안을 제시해야 한다는 점에서 성희롱을 노동권 측면에서 논의하는 데 따른 실익이 있다고 할 수 있을 것이다. 법률로 '직장 내 성희롱'을 별도로 규정하는 것은 근로자의 근로 관계를 보호하려는 의미로 해석할 수 있을 것이다. 직장 내 성희롱은 사용종속 관계 즉 '고용 관계'에서 발생한다는 점, 안전하고 쾌적한 작업 환경을 제공할 의무를 가지는 주체는 '사용자'라는 점에서 '노동권 침해'라는 특징을 가진다. 직장 내 성희롱을 노동권 침해로 접근하는 것은 성폭력과 구별짓기가 아닌 남성 중심적인 노동 현장에서 성희롱 문제를 공식적으로 제기하기 위한 전략적인 접근이다. 성희롱을 개인의 문제가 아닌 조직의 문제, 고용 환경의 문제로 접근하여 사용자의 책임을 묻기 위해서는 노동권적 특징에 주목할 필요가 있다.

성희롱은 직장 내 위계 및 권력관계로 인한 고용상 차별이며 노동권 침해의 문제이다. 또한 성희롱은 직장 내 폭력의 한 유형이며, 안전한 근로 환경을 침해하는 것으로 건강권의 문제이다(최윤정, 2004). 사용자는 근로자와 근로 계약을 체결하게 되면, 임금을 지급해야 하는 의무뿐만 아니라, 쾌적하고 안전한 작업 환경을 제공해야 하는 의무를 가지게 된다(국미애, 2003). 따라서 사용자는 성희롱이 발생하지 않는 작업 환경을 제공할 의무를 가지므로 성희롱을 예방하고 해결해야 하는 주요한 의무와 책임의 주체가 된다.

최근 사회적으로 이슈가 되고 있는 ME, TOO 운동을 보면 성희롱이 발생하는 원인과 성희롱으로 침해되는 근로자의 권리를 알 수 있다. 성희롱은 조직 내 위계 구조와 권력관계에서 상급자인 가해자[8]가 피해자인 하급자에게 행사하는 등 업무 수행 관계에서 주로 발생하는 것으로 나타난다. 그리고 지속적인 성적 언동을 통해 근로 조건에 영향을 미치는 것으로, 성희롱은 근로 조건과 고용 환경을 저해하는 문제임을 알 수 있다. 또한, 관련 법규[9]도 성희롱으로 판단될 시 결과적으로 위협적·적대적인 고용 환경을 형성하여 업무 능률을 떨어뜨리게 되었는지를 검토하도록 하고 법률[10]에서도 '근로자가 안전한 근로 환경에서 일할 수 있는 여건

---

8 남녀고용평등법에서는 성희롱 가해자를 행위자라고 하는데, 남녀고용평등법에서 처벌 및 책임의 주체는 사용자이며, 행위자(가해자)는 성희롱 행위로 사업장 내 징계의 대상이 되고 성희롱 행위가 형법상 성폭력 범죄에 해당되지 않는 한 형사처벌 대상이 아니다.

9 남녀고용평등과일가정양립지원에관한법률시행규칙[별표 1] 직장 내 성희롱을 판단하기 위한 기준의 예시(제2조 관련 : 남녀고용평등과일가정양립지원에관한법률(정의)) 비고 : 성희롱 여부를 판단하는 때에는 피해자의 주관적 사정을 고려하되, 사회 통념상 합리적인 사람이 피해자의 입장이라면 문제가 되는 행동에 대하여 어떻게 판단하고 대응하였을 것인가를 함께 고려하여야 하며, 결과적으로 위협적·적대적인 고용 환경을 형성하여 업무 능률을 떨어뜨리게 되는지를 검토하여야 한다.

10 남녀고용평등과일가정양립지원에관한법률 제13조(직장 내 성희롱 예방 교육) ① 사업주는 직장 내 성희롱을 예방하고 근로자가 안전한 근로 환경

을 조성하기 위하여 직장 내 성희롱의 예방을 위한 교육'을 하도
록 명시하고 있어 성희롱이 노동권 침해이고 '고용 환경'의 문제임
을 나타낸다.

에서 일할 수 있는 여건을 조성하기 위하여 직장 내 성희롱의 예방을 위한
교육(이하 "성희롱 예방 교육"이라 한다)을 실시하여야 한다.

2. 예방, 성희롱의 효과적인 해결 방법

성희롱 해결 방법에는 사후적인 방법과 사전적인 방법이 있다. 사후적 해결 방법은 성희롱 발생 후 피해자를 구제하는 방법으로, 문제점은 남성 중심적인 조직 문화와 성희롱이 발생하는 정치적 사회적 구조가 유지되는 상황에서 이루어진다는 것이다. 성별화된 통념과 관행이 유지되고 있는 노동 환경에서 피해자의 노동권, 생존권을 담보할 수 없기 때문에, 피해자는 문제 제기하기 어려우며, 문제 제기하는 과정에서 2차 피해를 입게 된다(최윤정, 2004). 여성 근로자 직장 내 성희롱 실태 조사(민주노총, 2011)에 따르면, 응답자의 38.6%가 성희롱을 당했을 경우 모르는 척하거나 슬쩍 자리를 피한다고 답변하였고, 31.6%가 대응을 하지 않거나 대응을 하더라도 소극적으로 대응한다고 응답하여, 응답자의 70.2%가 성희롱 문제를 제기하는 데 어려움을 겪고 있음을 알 수 있다.

또한 우리나라의 성희롱 사건의 법률적 판단 경향을 보면, 성희롱 성립 여부를 '행위' 중심으로 판단[11]하고 성희롱이 발생하는 맥락 및 상황을 고려하지 않는 것으로 보인다. 따라서 고용 환경의 문제로 성희롱에 접근하지 않을 경우 성희롱 문제를 가해자-피해

---

[11] 대법원 선고 2005두6461, 2007.06.14., 성희롱결정처분취소: 교사들의 회식 자리에서 여자 교사에 대하여 교장에게 술을 따르라고 권유한 교감의 행위를 성희롱으로 볼 수 있는지 여부(소극). 변혜정(2008)은 이 사건의 핵심은 ① 술을 따르라고 말할 수 있는 교감과 여교사의 관계, ② 술을 따르는 것이 교사들이 교장에게 할 수 있는 예의라고 전제하는 사실, ③ 젊은 여교사가 따르는 술을 마셔야 대접받는다고 간주하는 사실이다. 즉 술자리에서 교감과 다른 여교사들의 (맥락적, 관습적, 관계적) 차별적 위치에서만 술 따르기는 의미가 있다. 만약 그러한 위치가 아니라면 술 따르라고 권유하지도 않았을 것이고 성희롱이라고 진정하는 일도 없다고 비판하였다. 성희롱 사건에서 '행위'를 중심으로 성희롱 성립 여부를 판단하다 보니 맥락을 볼 수 있는 '근로 환경'의 문제는 삭제되어 고용 환경을 보기 어렵게 만든다. '여교사 술 따르기 강요 사건' 대법원 판결에서 기존 판결과 달리 성희롱 성립을 부정함에 따라 판결의 어떤 관점이 성희롱을 부정하였는지에 대해 논의하기보다는 '○○ 행위는 성희롱이 아니다'라는 명제처럼 받아들임으로써, 성희롱이 발생하는 다양한 맥락을 파악할 수 있는 고용 환경의 문제로 보기보다는 다양한 맥락을 삭제하는 '가해자의 행위'로 바라보게 만들어 성희롱을 개인의 문제로 보게 만든다. 또한, 성희롱을 단순히 '성희롱이 되느냐? 안 되느냐?'라는 성희롱 성립 유무 문제로 보게 되면 가해자와 피해자 간의 문제로 보게 되고 성희롱 예방 및 해결 의무를 가진 '사용자'는 드러나지 않게 된다.

자 양자 간 구조[12]로 가져감으로써 '직장 내 문제'임을 희석시키고 직장 내 성희롱의 주요 책임과 의무의 주체인 사용자는 삭제될 가능성이 매우 크다.

그리고 사후 구제 방법은 성희롱 성립 여부에 따라 가해자가 징계 또는 처벌을 받고 사건이 종료되므로, 성희롱 문제를 공론화한 후 발생하는 2차 피해는 드러내기 어렵다. 성희롱 문제를 제기한 피해자는 근로 관계를 종료하는 경우가 대부분이므로 피해자는 노동권, 생존권을 상실[13]하게 된다. 이러한 성희롱의 편견과 관행이 유지되는 상황에서 사후적 방법은 성희롱을 예방하고 해결하

---

12 고용노동부, 「성희롱, 성차별 없는 행복한 직장 문화」, 2011, 18쪽을 보면 "직장 내 성희롱 예방을 위한 근로자의 노력"이라는 제목 아래 '피해자가 되지 않기 위하여', '행위자가 되지 않기 위하여'로 명시하여, 성희롱은 개인이 예방하고 주의해야 하는 것처럼 설명하고 있다. http://www.mogef.go.kr/korea/view/support/support02_03_01.jsp
여성가족부, 「직장 내 성희롱 예방 교육 자료」, 2013, 23쪽. '성희롱 피해자가 되지 않으려면', '성희롱 가해자가 되지 않으려면'
http://www.mogef.go.kr/korea/view/support/support02_03_01b.jsp?func=view&currentPage=0&key_type=&key=&search_start_date=&search_end_date=&class_id=0&idx=692530

13 국가인권위원회(2008) 권고 결정 39건의 직장 내 성희롱 피해 유형을 보면 퇴사 15건으로 38.4%, 정신과 치료 8건으로 20.5%, 자살 시도 2건으로 5.1% 등 성희롱 사건은 근로자의 생존 여부를 결정할 정도로 큰 피해를 입히고 있다.

는 데 한계가 있을 수밖에 없다. 따라서 직장 내 성희롱 문제의 해결은 궁극적으로 개념의 명확성, 해결의 필요성 등을 인식하도록 하는 '예방'이라 할 수 있을 것이다.

성희롱을 예방하기 위해서는 사회적인 조건과 법적인 조건이 변화하여야 한다. 법적 조건과 사회적 조건은 긴밀하게 연결되어 있으며, 상호 영향을 주고받는다. 사회적인 조건은 우리나라에서 유통되고 있는 성에 대한 인식, 성문화가 변화하는 것이다. 법적인 조건도 문화를 형성하는 한 요소로서 현재 법이 어떻게 실현되고 사회에서 실질적인 규범으로 작동되기 위한 장치가 무엇인지 살펴볼 필요가 있다(정형옥, 2009). 이 책에서는 우리나라 성희롱 현황과 예방 체계 문제점을 살펴보고 효과적인 성희롱 예방 체계를 구축하기 위한 장치를 제시하고자 한다. 국내의 실정을 반영한 예방 체계 구축 방안은 성희롱 문제의 해결이 '예방'으로 확대되어야 함을 의미하는 것으로서, 한 사건의 해결이 아니라 사회 문화적 조건의 변화를 이끌어내는 단초가 된다는 점에서 의미가 있을 것이다.

3. 미국 사례를 보는 이유
  : 미국은 성희롱을 노동권 침해로 본다

이 책에서는 효과적인 성희롱 예방 체계로서 미국의 사례를 소개하고자 한다. 미국은 성희롱 사건을 처음으로 공론화하였으며, 성희롱을 고용상 차별의 일환으로 정의하고 법제화한 나라이다 (박선영, 2014). 오랜 기간 동안 '성' 문제는 '사'적인 영역으로 인식되어 '개인'의 문제로 귀결되었다. 하지만 미국에서는 성희롱 문제를 '고용상 차별'인 노동권 침해로 봄으로써 성희롱 문제를 '사'적인 영역이 아닌 '공'적인 영역으로 문제 제기할 수 있는 환경을 조성하였다고 볼 수 있다. 미국의 성희롱을 노동권 침해로 보는 관점은 대중들에게 성희롱을 공적인 문제로 인식시키고 성희롱을 해결하고 예방할 수 있는 사회적 합의를 이끌어낼 수 있었다. 뿐만 아니라, 미국은 성희롱을 효과적으로 예방하고 해결하기 위한 법적 장치와 행정적인 수단, 즉 성희롱 예방 체계를 탄탄히 갖추고 있다고 볼 수 있다. 미국은 성희롱이 고용상 차별이며 근로자의 노동권, 건강권 침해로서 불법 행위임을 명확하게 규정하고 있다. 또한 사용자의 책임과 의무를 무겁게 규정하고 성희롱 예방 및 피해자 구제 방안에 대하여 실질적인 내용과 방법을 법제도와 매뉴얼을 통하여 기업과 근로자들이 충분히 내용을 알 수 있도록 하고 있어 성희롱을 효과적으로 예방하고 해결하도록 하고 있다. 성희롱을 노동권 침해로 보는 관점과 효과적인 성희롱 예방 체계 내용은 성희롱 문제를 해결하기 위해서 어떠한 접근이 효과적인지에 대하여 많은 점을 우리에게 시사하고 있으므로 미국의 성희롱 예방 체계를 살펴보는 것은 의미가 있을 것이다.

성희롱이 효과적으로 예방되기 위해서는 성희롱 개념, 사용자의 책임과 의무, 성희롱 예방과 해결과 이를 구체적으로 실행할 수 있는 행정정책이 담보되어야 한다. 이 글에서는 효과적으로 성희롱을 예방할 수 있는 방안이 무엇인지를 주요 물음으로 하여, 여성주의 관점으로 현 성희롱 예방 체계의 문제점을 지적하고 실효성 있는 성희롱 예방 체계 방안을 여성주의 장치로 규정하고 제시하고자 한다.

제2장

성희롱에 대한 문제 제기

1. 성희롱, 사회적 통념에 문제를 제기하다

성희롱 관련 연구는 성희롱 개념을 정립하는 과정으로 시작되
었다. 매키넌이 처음으로 sexual harassment라는 용어를 사용하면
서 성희롱 개념을 직장 내 차별로 법제화하는 데 크게 기여하게
되었는데, 직장 내 성희롱은 성으로 발생하는 폭력으로 고용상 성
차별이며 불법 행위이다. 이 성별 권력관계가 이성 간 정상 관계
로 제도화되고 이념화됨으로써 가부장제도가 유지 및 재생산 되
는 작동을 한다(MacKinnon, 1987). 켈리는 가부장적인 성문화 속
에서 성폭력은 은폐되기 때문에 폭력적인 면을 가시화하기 위해
서는 기존 법의 성폭력 개념이 아닌 연속선으로 성폭력 개념을 이
해해야 함을 강조하고 성희롱을 포함한 광범위한 행위를 성폭력
문제로 볼 수 있어야 함을 주장했다(Kelly, 1988). 그리하여 UN과
ILO는 성희롱을 여성에 대한 고용상 차별과 불법 행위로 규정하

고 각 국가에게 그 방지와 피해자 보호를 위한 모든 조치를 하도록 촉구하고 있다(김엘림, 1995).

성희롱은 성폭력의 한 유형으로서 성희롱이 발생하는 근본적인 원인은 성폭행과 동일한 맥락[1]을 가진다. 성희롱은 개인의 문제가 아니고 조직의 문제이므로 성희롱 발생 원인을 분석하기 위해서는 조직 문화를 분석해야 하고 조직 문화는 우리나라의 성문화를 토대로 형성된다. 성희롱이 발생하는 원인을 파악하기 위해서는 사회 역사적으로 구성된 성(sexuality)이 어떤 사회적 정치적 문화적 영향 속에서 담론을 만들고 그 구조가 편견과 관행을 형성하여 이를 유지 강화시키는지를 살펴보아야 한다. 섹슈얼리티와 성문화는 사회적으로 구성되고 끊임없이 변화하므로 우리나라에서 섹슈얼리티와 성문화를 이해하고 분석하는 것은 우리 사회 문화적 특성, 역사적 변화를 분석하는 것이다(Foucault, 1990: Weeks, 1997; Ranazanoglu, 1997; 김은실, 2001).

우리나라의 성문화는 가부장적 이중 규범, 이성애 중심적 특징을 가진다(이성은, 1999; 배지선, 2003; 변혜정, 2006; 이은심,

---

1 변혜정(2006)에 따르면 성폭력 행위의 공통점은 그것이 남성/가해자의 일방적이거나 강제적인 행위이고 피해 구성의 공통성은 성별화된 섹슈얼리티 지점에 있는 여성의 삶이다. 피해자들은 성별화된 욕망의 실현 방식 · 정도 · 결과에 문제를 제기하고 있다. 남성과 다른 방식으로 여성의 섹슈얼리티를 만드는 것은 여성에 대한 차별인 동시에 폭력인 것이다.

2010; 권김현영 외, 2011). 가부장적 이중 규범은 여성을 정숙한 여성/나쁜 여성으로 이분화하여 정숙한 여성만 보호할 대상으로 간주하는 것이다(이성은, 1999; Hite, 2002; 배지선, 2003; 이은심, 2010; Muta, 2015). 이는 성희롱 피해자가 '나쁜 여성'으로 낙인찍히는 것을 두려워하여 문제를 제기하기 어려운 구조를 만들게 된다. 뿐만 아니라 '여자가 옷을 야하게 입었다', '웃음이 헤프다', '여자가 먼저 꼬셨다'는 등의 피해자 책임 유발론을 형성하고 가해자 동조론을 만든다. 그리고 남성의 성욕을 일반화·정당화함으로써 성희롱을 자행한 가해자를 정상화하고 문제를 제기하는 피해자를 비정상화하기도 하여 성희롱 문제를 제기하기 어렵게 만들 뿐만 아니라 성희롱을 '문제'로 인식하기조차 어렵게 만든다.

가부장적 이중 규범은 남녀 성별 분업의 요인이기도 한데, 남성은 생계 책임자로서 가정 부양자이고 핵심 노동자로 간주하는 반면, 여성은 가사노동의 주체이며 피부양자로서 부수적인 노동자로 간주하고 이러한 통념을 견고하게 한다. 이러한 성별 분업은 여성을 노동시장에서 기존의 사회 구조·문화에 기초하여 체계적으로 배제하고 주변화시키게 되며, 과도한 시장 경쟁 시대에는 노동 유연화 대상이 된다(조순경, 2011). 성별 분업은 남녀 차별을 더욱 견고하게 하고 재생산하며 이를 고착화하는 기제로 작동됨에 따라 여성은 노동시장에서 더욱 취약한 위치에 서게 되고 성희롱 위험에 노출되게 된다.

우리나라의 성문화는 결혼을 전제한 이성애 중심적이다. 이는 순결 이데올로기를 전제하고 있으며, 순결 이데올로기는 여성에게만 강요되고 여성을 저항하기 힘든 주체로 만들고 통제한다(이성은, 1999; 배지선, 2003; 이은심, 2010). 이는 성희롱 피해자가 문제 제기보다는 함구를 선택하며, 직장 내에서 만연하게 발생하고 있는 성희롱 사건을 은폐시키는 작동을 한다.

공간은 정체성의 구성과 재생산에 적극적인 역할을 하며, 젠더와 섹슈얼리티는 특수한 맥락에 따라 재구성될 수 있다(Hubbard, 1999; 원미혜, 2011). 직장은 중립적이고 무성의 집단으로 표시되지만, 남성 중심적인 조직 문화의 경우 남성들이 구축하고 있는 문화 관행이 당연하게 받아들여지고 여성은 이질적인 존재로 주변화된다(조순경, 2011). 직장 내에서 능력이라는 의미는 중성적인 의미로 보이지만, 남성 중심적인 해석이 이루어지며, 남성과 같은 방식으로 인정받아야 하는 것이다. 남성들에게 여성 근로자는 우리나라 성문화를 바탕으로 동료인 동시에 여성으로 인식되게 된다. 능력 좋은 여성은 일 잘하는 것과 동시에 꾸미기도 잘하는 것을 동시에 요구받는 모순을 가지며, 조직에서 여성이 몸으로 평가받는 성별 정치학이 작동되는 것이다(이은심, 2010). 직장을 성 중립적 공간으로 재현하는 담론과는 달리 섹슈얼리티는 직장 내 성문화와 성적 관행들과 깊이 연계되어 있으며, 이러한 요소는 직장 내에서 갈등을 일으키게 되는 것이다(정영애, 1997; 이은아,

1999; 이은심, 2010). 따라서 직장 내 성희롱을 예방하기 위해서는 정치 사회 문화 속 상호작용으로 형성되는 성별화된 섹슈얼리티에 대한 해석과 분석 그리고 이에 대한 균열이 필수적으로 요구된다.

우리나라에서의 성희롱 논의는 1993년 서울대 신 교수 성희롱 사건으로 가속화되었는데, 성희롱은 개인의 문제가 아닌 직장 내 위계 구조와 권력관계에 의해 발생하는 것이고, 성희롱은 고용상 차별이며, 노동권 침해로서 불법 행위라는 사회적 합의를 이끌어 냈으며, 법제화되도록 하였다(장필화, 1994; 이성은, 1995; 김엘림, 1995).

성희롱은 근로자의 채용이나 임금, 승진, 배치 전환 등 근로 조건에 영향을 미치며, 근로자의 고용 환경을 저해하는 것이다. 성희롱은 주로 관리자나 감독자의 지위에 있는 자에 의해 하위직 또는 비정규직 등 사회적 약자 위치에 있는 자를 대상으로 발생한다. 직장 내 성희롱은 남녀 간에 불평등하고 불균형 위계 구조나 상황을 반영하는 것이며, 성차별 관행을 구조화하고 유지 강화하는 것이다(조순경, 1989; 김엘림, 1997; 김영희, 1989; Hite, 2002; 변혜정, 2004; Meehan, 2009; 박희정, 2012; Muta, 2015). 또한, 성희롱은 작업 환경에서 발생하는 폭력의 한 요소로서 산업재해에 해당하며, 건강하게 일할 수 있는 권리를 침해하는 것으로 근로자의 노동권이자 건강권의 문제이다(최윤정, 2004).

성희롱은 1995년 여성발전기본법에서 처음으로 법제화되었는데, 법제화 이후 성희롱 개념이 제도적으로 정착되는 것과 동시에 역설적으로 성희롱을 둘러싼 다양한 논쟁들이 사라지고 법적 판단 과정에서 성희롱 개념을 기계적으로 적용되도록 만듦으로써 오히려 성희롱의 법적 실효성 및 사회적 설득력을 약화시키게 되었다(이은심, 2010).

따라서 법 규정상 성희롱 개념에 대한 문제 제기가 이루어졌는데, 현재 성희롱의 법적 개념은 성희롱 가해자의 범위, 성희롱의 성립 조건이 되는 업무 관련성, 성희롱 행위의 유형, 성희롱 피해자의 내용에 대하여 포괄적으로 규정하고 구체적으로 성희롱을 판단하는 기준을 명시하지 않는다. 따라서 현행 법적 개념만으로는 성희롱을 판단하기에는 어려움이 따르는데, 모든 성적 언동 자체가 그대로 성적 굴욕감을 발생하는 성희롱으로 인식되는 것은 아니며, 성적 언동과 성적 굴욕감이라는 해석에 사회적 맥락이나 직장 분위기, 개인사적인 경험, 서로 간의 관계 및 친밀성 등 여러 가지가 개입될 수 있어 성희롱을 모호하게 만든다(변혜정, 2008; 이은심, 허은주, 2008). 술 따르기 강요 성희롱 사건[2]을 계기로 성

---

2 대법원 2007.06.14. 선고 2005두6461,성희롱결정처분취소 : 교사들의 회식 자리에서 여자 교사에 대하여 교장에게 술을 따르라고 권유한 교감의 행위를 성희롱으로 볼 수 있는지 여부(소극).

희롱 개념에 대한 논의가 재점화되었는데, 성희롱을 판단함에 있어 다양한 맥락에서 젠더의 작동 틀과 다양한 공적 조직 내에서 성별뿐만 아니라 계급, 지위, 나이, 섹슈얼리티 등에 따른 권력관계를 반영해야 하는 것이다(Weeks, 1997; Warshaw, 1988; 변희정, 2008; 이호중, 2005).

2. 성희롱 법제화 후 문제 제기와 그 한계

　법제화 이후에도 성희롱은 여전히 작업 환경에서 만연히 발생하고, 피해자가 문제를 제기하기 어려울 뿐만 아니라 피해자 보호 관점에서 해결되기 어렵다. 성희롱을 효과적으로 해결하기 위해서는 무엇보다 예방이 중요하다. 성희롱 예방의 대표적인 방법은 성희롱 예방 교육이며, 성희롱 예방 교육은 교육생의 인식을 변화시켜 행동을 이끌어낸다는 점에서 매우 중요한 기능을 한다. 하지만 현재 성희롱 예방 교육은 법적인 규제 조항을 나열하는 형식적인 교육에 그쳐 성희롱이 왜 금지되어야 하며, 왜 고용 차별이자 노동권 침해의 문제인지를 충분히 설명하지 못하고 있다. 현 성희롱 예방 교육 내용은 성희롱을 규정하게 된 배경 및 역사적 맥락들, 즉 성별화된 섹슈얼리티에 대한 설명을 충분히 담아내지 못한다. 현재와 같은 교육 방식에서는 성희롱과 관련된 법적 조항이나 처리 절차 같은 정보만 전달할 뿐 성희롱의 쟁점이나 근로자의 인식 변화를 가져오기 힘들며, 오히려 성희롱에 대한 오해를 더욱 가중시키는 결과를 가져온다(이나영, 2010; 김양지영·이경은, 2013; 이성흠 외, 2009; 하혜숙, 2010). 또한, 성희롱 예방 교육이 법제화된 지 10년이 넘었음에도 변화된 현실을 반영하지 못하여 의무적이고 형식적인 교육에 그치고 있다(김유선 외, 2004; 김선희, 2010; 김정혜, 2011; 황지영 외, 2015; 박봉정숙, 2015). 성희롱 예방 교육 방법도 동일한 비디오를 매년 계속해서 보거나, 짧은 시간 내 강사가 일방적으로 강의 내용을 전달하는 주입식 강의가 이루어지는 경우가 많으며, 성희롱 개념과 쟁점에 대한 논의는 부족한 실정이다(김훈 외, 2009; 김선희 외, 2010; 이은심, 2010; 민주노총; 2011, 김민정, 2012; 김나현, 2014; 박선영, 2014; 박귀천, 2014).

기존 연구에서는 우리나라 성희롱 예방 관련 법제도에 대하여 문제를 제기하면서 외국 법제도를 소개하고 개선 방향을 제시하고 있다. 현행법상 직장 내 성희롱 예방 교육 강사와 교육 내용의 수준을 실질적으로 담보할 수 있는 법적 장치가 미비하다. 고객 등 제3자에 대한 성희롱의 경우 가해자인 고객에 대한 근로자의 방어 수단에 관한 체계적인 교육을 위한 법제나 정책이 없다. 또한 노동시장 유연화로 인해 등장한 비정규직, 특수 형태 종사자와 영세한 사업장의 경우 실질적으로 성희롱 예방 교육의 사각지대에 놓여 있음에도 이를 지원할 수 있는 정책이 없는 상황이다(김유선, 2004; 박선영, 2011; 박귀천, 2014).

반면, 미국의 경우 제3자의 성희롱까지 포함하여 인정함으로써 성희롱 보호 범위를 넓게 보고 있으며 성희롱을 고용 차별로 보고 노동권에 의해 명확히 규정하고 있다. 미국은 사용자의 책임을 강화하는데, 성희롱 예방을 위하여 사용자가 취해야 할 조치는 매우 구체적이고 엄격하게 규정되어 있고 이를 위반할 때 사용자에게 막대한 경제적 부담을 지게 함으로써 피해자를 보호할 뿐만 아니라 성희롱을 예방하는 효과를 가져온다(국미애, 2003; 홍순구, 2007; 이달휴, 2012). 즉, 성희롱이 위계 · 권력관계 문제임을 전제로 하여 피해자를 두텁게 보호할 수 있는 법적 규제 및 장치가 있는 것이다. 사용자 책임 강화는 성희롱을 가장 효과적으로 예방하고 해결하는 장치가 될 수 있다(국미애, 2003). 미국의 징벌적 손해배상은 직장 내 성희롱 문제를 해결할 수 있는 사전 예방과 사후 기능을 가지는 실효성 있는 방안으로 국내 성희롱 문제 해결에 한 가지 대안이 될 수 있다(이혜경, 2014).

성희롱을 예방하기 위해서는 법제도정비도 중요하지만 성희롱이 발생하는 공간에서의 예방 체계를 강화하는 것이 필요하다(박선영, 2014). 박선영은 기업 등 조직에서 성희롱 예방 체계를 갖추기 위해서는 성희롱 예방 교육과 사내 예방 지침이 강화되어야 하고 이를 바탕으로 우리나라 성희롱 예방 체계의 문제점을 지적하고 미국 및 일본의 예방 현황을 검토하여 그 대안을 제시하고 있다. 연구자는 우리나라가 사업장 특성, 성희롱 사건 처리 경험, 교육 대상자의 지위 및 성별 등 주요한 사정을 고려하지 않는 형식적 교육 방식과 내용으로 교육이 이루어지고 사기업도 체계적인 예방 지침을 보유하고 있는 경우가 드물다고 지적한다. 동시에 성희롱 발생 이후에는 기업의 낮은 인식 수준, 무관심, 관련 문제를 담당할 관리자 및 역할 부재 등으로 사후 조치가 쉽지 않은 상황이라고 분석한다. 조직 내 성희롱 예방 체계 강화 방안을 위하여 예방 지침으로 무관용 원칙을 명시하고 적극적으로 홍보하며 구체적인 예방 지침 모델을 제시하여야 한다. 예방 교육의 질적 수준 관리, 교육 대상의 특성, 취약 집단의 특성을 반영하도록 하고 특히, 강사와 관련하여 아무런 규제가 없음을 지적하며 강사의 '최소한의' 자격 기준을 법령으로 정할 것을 제안하고 있다. 또한 성희롱 발생 현황, 교육의 효과성 등에 대한 정기적인 모니터링과 관리직 역할 매뉴얼 보급, 피해자 보호 및 회복 지원, 가해자 처분 가이드를 제시하여 사후 조치 강화 방안을 제안하고 있다. 이 연구는 성희롱을 예방하기 위한 체계를 구축하여야 함을 주장하며, 해외 주요 국가별 직장 내 성차별, 성희롱 관련 법제도를 비교 분석함으로써 정책 개선을 위해 참고할 수 있는 시사점을 모색했다는 점에서 의미가 있다.

성희롱 예방과 관련하여 지금까지 살펴본 기존 논의들은 실질적 효과를 기대하기 어려운 우리나라 예방 교육의 문제점을 지적하고, 우리나라의 법규상의 한계와 외국 사례를 소개함으로써 개선점을 제안하였다는 점에서 의미가 있다. 하지만 성희롱 문제에는 성희롱의 개념, 예방, 해결을 위한 법제도의 문제와 법 관리·감독의 문제, 행정의 정책 문제가 서로 연동되어 있으며 이 요소가 모두 제 역할을 하였을 때 효과적으로 성희롱 문제를 해결할 수 있을 것이다. 성희롱 문제를 효과적으로 해결하기 위해서는 전체적인 우리나라 성희롱 예방 체계의 문제점을 분석하고 그 대안을 찾아야 한다. 기존 연구는 법제도, 예방 교육, 해외 사례를 각각 분리하여 연구하였다는 점에서 효율적인 성희롱 예방 방안을 제시하는 데 한계가 있다. 또한, 기존의 연구에서는 주로 문헌 연구 및 설문 조사 방법이 연구 방법으로 사용되었는데, 이러한 방법은 현장의 목소리를 제대로 반영하지 못하거나 실질적인 대안을 도출하는 데에 한계가 있다.

이 책에서는 성희롱 문제의 궁극적인 해결 방안으로서 법제도와 행정의 구체성을 예방 체계로 정의하고, 우리나라 법제도와 행정의 현 실태를 살펴보며, 미국의 성희롱 예방 체계 관련 법제도와 행정부에서 제공하는 강의안과 매뉴얼을 구체적으로 소개함으로써 효과적인 성희롱 예방 체계를 구축하기 위한 방안을 제시하고자 한다. 또한, 필자가 노무사로 활동하는 과정에서 갖게 된 문제의식과 성희롱 예방 교육 강사로서 노동 현장과 강사 양성 과정을 참여관찰하면서 느낀 현장의 목소리를 전달함으로써 법제도와 행정상의 실질적인 문제점을 짚어보고 실질적인 대안을 제시하고자 한다.

3. 왜 성희롱 예방 체계를 봐야 하는가?

이 책은 여성주의 관점에서 성희롱 예방 체계의 문제점을 지적하고 실효성 있는 성희롱 예방 체계를 제시하고자 한다. 기존 연구에서는 성희롱 예방 체계를 갖추기 위해서 법제도적 정비와 기업 등 조직 내 예방 교육 및 예방 지침을 갖추어야 함을 주장했다(박선영, 2014). 하지만 효과적인 예방 체계를 갖추기 위해서는 법제도정비와 더불어 이를 실행하는 효과적인 행정기관의 정책이 필요하다고 본다. 성희롱을 해결할 수 있는 효과적인 예방 체계를 구축하기 위해서는 성희롱 관련 법제도가 명확하게 제정되고, 이를 실행할 수 있는 행정의 구체성이 담보되어야 할 것이다. 법제도는 성희롱 예방과 해결의 필요성에 대한 사회적 합의를 이끌어낼 수 있도록 성희롱 개념을 명확하게 규정하고, 사용자의 책임 및 의무 그리고 범위가 명확하여야 하며, 법규상 성희롱 예방과 해결을 기대할 수 있을 정도의 예방 교육 내용 및 방법이 명시되어야 한다. 성희롱 관련 법제도가 구체적으로 정립된다면 법 규정을 근거로 하여 정부의 관리 감독 기능도 자동적으로 강화되게 될 것이다. 그리고 법제도를 효과적으로 실행하기 위하여 행정의 구체성이 담보되어야 하므로, 행정 기관의 법제도홍보와 실질적인 정보 제공 및 접근 가능성이 요구된다.

성희롱 예방 체계 구축을 위하여 살펴보아야 할 법제도와 행정 내용은 다음과 같다. 첫째, 법규상 성희롱 개념이다. 개념은 성희롱을 예방하고 해결해야 하는 필요성에 대한 사회적 합의를 이끌어낼 수 있어야 한다. 성희롱은 '직장 내'라는 특수한 조건이 전제된 노동권이며, 고용 환경의 문제임을 법규상 그 정의를 통하여 정확하게 설명할 수 있어야 할 것이다.

둘째, 법규상 사용자의 책임과 의무에 관한 내용이다. 법제도를 근거로 성희롱이 발생하였을 때 사용자에게 책임을 물을 수 있어야 한다. 그리고 처벌의 예측 가능성은 성희롱을 예방하는 기능을 할 수 있을 것이다.

셋째, 성희롱을 예방하고 해결하는 예방 교육 내용과 방법이다. 구체적인 법 규정 제시를 통해 성희롱 예방 및 해결을 기대할 수 있어야 한다. 성희롱을 예방하는 대표적인 방법은 예방 교육이므로, 예방 교육 내용과 방법이 구체적이고 세부적으로 규정되어 있고 그 내용은 성희롱을 해결할 수 있는 수준인지, 성희롱 예방 교육 강사는 전문성을 갖추고 있는지 분석이 필요하다.

넷째, 행정의 구체성이다. 법제도가 효과적으로 실행되기 위해서 행정의 구체성이 담보되어야 하므로 정부가 제공하는 성희롱 예방 및 해결 제도에 대한 홍보 내용과 관련된 매뉴얼의 내용이 실질적이고 효과적인지 검토가 필요하다. 정부는 기업에게 성희롱을 예방하고 해결할 수 있도록 매뉴얼과 성희롱 예방 교육 강의안을 제공하여야 하며, 그것을 누구나 활용 가능하도록 해야 할 것이다.

따라서, 성희롱 예방 체계를 법제도제정과 행정의 구체성으로 정의하고 이를 중심으로 살펴보고자 한다. 법제도에서는 성희롱 개념, 사용자 의무와 책임, 성희롱 예방과 해결을 위한 예방 교육 내용과 방법을 그리고 행정의 구체성에서는 정부가 제공하는 성희롱 예방 매뉴얼과 강의안, 이에 대한 접근 가능성을 중심으로 우리나라와 미국의 예방 체계를 분석하고 효과적인 예방 체계 구축을 위한 방안을 제시하고자 한다.

4. 참여관찰을 통한 문제 제기와 대안 찾기

실효성 있는 성희롱 예방 방안을 모색하기 위해서는 문헌상 드러나지 않는 현장의 문제점을 관찰할 필요가 있다. 현장에 참여함으로써 법 적용의 어려움, 법으로 규정되지 않는 내용에 대한 문제점, 법으로만은 해결할 수 없는 한계점을 분석하고 이를 개선할 수 있는 효과적 방안을 제시할 수 있을 것이다. 그래서 필자는 직장 내 성희롱 예방 교육 운영 시스템의 문제점을 드러내기 위해 직장 내 성희롱 예방 교육 강사 양성 과정을 참여관찰하였다. 그리고 문헌 분석 방법과 보조적으로 정부기관 질의 및 인터뷰를 활용했다. 성희롱 예방 교육 강사와 관련하여, 현재 외부 강사의 교육 이수[3] 외 아무런 규제가 없기 때문에 강사와 관련한 점검 및 평

---

3   남녀고용평등과일가정양립지원에관한법률.

가가 전무한 상태이다. 하지만 필자가 기업에 소속되어 있지 않기 때문에 성희롱 예방 교육을 듣기에는 한계가 있어, 예방 교육의 문제점을 살펴보기 위하여 강사 양성 과정에 참여하였다. 강사 양성 과정 참여관찰을 통하여 강사가 어떻게 양성되고 강사의 전문성을 어떻게 담보할 수 있는지 등에 대한 문제 제기와 현실적이고 구체적인 방안을 찾을 수 있었다. 2013년부터 2014년까지 총 4곳의 강사 양성 과정을 직접 신청하여 참여하고 관찰하였으며, 그 내용을 분석을 하였다. 필자가 참여관찰한 대상은 [표 1]과 같다.

제13조(직장 내 성희롱 예방 교육) ① 사업주는 직장 내 성희롱을 예방하고 근로자가 안전한 근로 환경에서 일할 수 있는 여건을 조성하기 위하여 직장 내 성희롱의 예방을 위한 교육(이하 "성희롱 예방 교육"이라 한다)을 실시하여야 한다.

제13조의 2(성희롱 예방 교육의 위탁) ① 사업주는 성희롱 예방 교육을 고용노동부 장관이 지정하는 기관(이하 "성희롱 예방 교육기관"이라 한다)에 위탁하여 실시할 수 있다. ② 성희롱 예방 교육기관은 고용노동부령으로 정하는 기관 중에서 지정하되, 고용노동부령으로 정하는 강사를 1명 이상 두어야 한다.

남녀고용평등법과일가정양립지원에관한법률시행규칙

제6조(성희롱 예방 교육기관의 지정 등) ③ 법 제13조의 2제2항에서 "고용노동부령으로 정하는 강사"란 다음 각 호의 어느 하나에 해당하는 강사 양성 교육을 수료한 강사를 말한다.

1. 고용노동부 장관이 직접 실시하는 강사 양성 교육
2. 고용노동부 장관이 교육 과정을 승인하거나 비용의 전부 또는 일부를 지원하는 강사 양성 교육

[표 1] 직장 내 성희롱 예방 교육 강사 양성 과정 운영기관[4]

기관	A 기관	B 기관	C 기관	D 기관
관찰 기간*	2013년	2013년	2014년	2013년
교육 강사	CS 강사	법률 전문가 법학 교수	NGO 센터장 법률 전문가	교수, 법률 전문가 NGO 센터장
교육 방법	강의 및 토론	강의	강의	강의 및 토론
수료 요건	교육 참석	교육 참석	교육 참석	교육 후 테스트
노동부 인증 여부	X	X	O	△**

* 현재 강사 양성 과정을 운영하는 기관이 많지 않기 때문에 기간을 정확히 명시할 경우 어느 기관인지 노출될 가능성이 있어, 관찰 기간은 사실과 달리 작성함.

** 현재 고용노동부에 D 기관에서 교육을 이수하면 노동부에서 인정하는지 질의하였으나, 이에 대하여 명확한 입장을 밝히고 있지 않음. 법 규정으로 해석할 경우 D 기관은 노동부에서 인증한 곳이 아니기 때문에 법적 요건을 충족한다고 해석하기 어려움.

그리고 필자가 속한 노무법인이 성희롱 예방 교육 위탁 기관으로 지정되어 고용노동부의 관리 감독 대상이 되었으므로 고용노동부의 교육 위탁 기관 점검 내용과 성희롱에 대한 인식도 알 수 있었다. 노무사로 활동하면서 접한 다양한 사업장 특성과 기업의 인사 노무 관리 그리고 고용노동부가 성희롱 문제에 접근하는 관점에 대하여 구체적으로 문제 제기함으로써 실질적이고 활용 가

---

4 2012년~2014년 필자가 참여관찰한 직장 내 성희롱 예방 교육 강사 양성 기관을 토대로 필자가 작성.

능한 대안을 제시할 수 있을 것이다. 노동 현장에서 고용노동부의 역할은 기업의 성희롱에 대한 인식과 긴밀한 관계를 가지며, 상호 영향을 주고받는다. 노동 현장에서 활동하며 고용노동부가 성희롱을 어떠한 관점으로 다루고 있는지를 직접 경험할 수 있어 이에 대한 면밀한 관찰이 가능하였다. 참여관찰을 통하여 현장의 목소리를 전달하는 것은 기존의 추상적이고 이론 중심의 논의에서 볼 수 없었던 문제점을 가시화할 수 있다는 면에서 의미가 있으며 구체적이고 실질적인 대안을 제안할 수 있을 것이다.

현재 우리나라 성희롱 현황과 특징을 살펴보기 위하여 고용 평등 상담 사례와 2011년 민주노총에서 실시한 성희롱 실태 조사 자료를 분석하였다. 우리나라의 예방 체계를 살펴보기 위하여 남녀고용평등법, 양성평등기본법, 국가인권위원회법, 그리고 2013년부터 2014년까지 고용노동부에 질의와 정보 공개를 통하여 정부 기관의 성희롱에 대한 입장을 밝히고 그 내용이 성희롱 예방 체계에 어떤 의미를 가지는지 분석하였다. 여성가족부와 고용노동부 그리고 국가인권위원회에서 2000년도 후반부터 제공하는 강의안을 중심으로 분석하였으며, 홈페이지에서 열람 가능한 자료를 대상으로 하였다. 자료는 [표 2]와 같다.

[표 2] 정부가 제공하는 성희롱 관련 자료[5]

기관	제작 연도	제목	유형
고용노동부	2006	밝고 건강한 직장 만들기	설명 자료
	2011	성희롱, 성차별 없는 행복한 직장 문화	설명 자료
	2011	직장 내 성희롱 예방, 행복일터를 만드는 첫걸음입니다	설명 자료
	2014	직장 내 성희롱! 마음푹 행복쑥	설명 자료
여성가족부	2009	서로 존중하는 일터를 위하여	강의안
	2012	성희롱 없는 밝은 직장 만들기	강의안
	2012	공공기관 성희롱 사건 처리 매뉴얼 개발	설명 자료
	2013	직장 내 성희롱 예방 교육 기본편	강의안
	2013	직장 내 성희롱 예방 교육 심화안	강의안
	2013	직장 내 성희롱 예방 교육 관리자안	강의안
	2014	모두가 알아야 하고 모두가 노력해야 하는 직장 내 성희롱	강의안 활용 설명 자료
국가인권위원회	2011	성희롱 예방 안내서	설명 자료
	2011	성희롱, 모르고 당하셨나요? 알고도 참으셨나요?	설명 자료

미국 예방 체계를 연구하기 위한 주요 연구 방법으로는 문헌 분

---

5 고용노동부, http://www.moel.go.kr/
여성가족부, http://www.mogef.go.kr/index.jsp
국가인권위원회, http://www.humanrights.go.kr/00_main/main.jsp

석을 활용하였다. 미국의 법제도및 매뉴얼 자료는 EEOC,[6] 코네티컷주, 캘리포니아주, 메인주, 펜실베이니아주 홈페이지에서 구할 수 있었다. 미국은 성희롱을 공민권법(Civil Rights) 제7편의 성차별 문제로 보고[7] EEOC가 제7편을 관할하는 연방정부 직속기관으로 설치되어 있다(박선영, 2011). EEOC에서는 지침으로 성희롱 개념과 성희롱에 대한 사용자 책임을 명시하고 1990년 성희롱에 대한 현재의 쟁점에 대한 정책 지침[8]과 1999년 관리에 의한 불법적인 성희롱에 대한 대리 사용자의 책임에 관한 지침[9]을 발표하여 사용자의 의무와 책임을 명확히 하고 있다. 미국은 3개의 주에서 성희롱 예방 교육을 의무화하고 있는데, 캘리포니아주, 코네티컷주, 메인주[10]이다. 캘리포니아주의 경우 강사 관련 규정이 가장 엄격한 편이고 코네티컷주의 경우 교육 내용에 대한 규정이 매우 구체적이며, 메인주는 상대적으로 관대한 편이다. 다른 주는 성희롱 예방 교육을 의무화하고 있지는 않지만 22개 주에서 성희롱 예방

---

6 미국의 고용기회평등위원회(Equal Employment Opportunity Commission).

7 Part 1604−Guidelines on Discrimination Because of Sex

8 EEOC, "Policy Guidance on Current Issues of Sexual Harassment", 1990.
   http://www.eeoc.gov/policy/docs/currentissues.html

9 EEOC, "Enforcement Guidance: Vicarious Employer Liability for Unlawful Harassment by Supervisors", 1999.
   http://www.eeoc.gov/policy/docs/harassment.html

10 http://www.maine.gov/legis/opla/harass.htm

교육을 권고[11]하고 있다. 미국의 법제도를 보기 위하여 EEOC 지침과 코네티켓주 규정, 캘리포니아주 규정, 메인주 규정과 비교적 내용을 상세히 다루고 있는 펜실베이니아주[12]의 권고 내용을 분석하였으며, 행정 내용을 보기 위하여 주 정부에서 제공하는 강의안 및 매뉴얼과 홈페이지 내용을 성희롱 예방 체계 중심으로 살펴보았다.

---

11 미국의 경우 현재 법률로 직장 내 성희롱 예방 교육을 의무화하고 있지는 않지만, 성희롱을 예방할 수 있는 조치를 취하도록 권장하고 있는 주가 22개이다. 콜로라도, 플로리다, 하와이, 일리노이, 아이오와, 메릴랜드. 메사추세츠. 미시건, 펜실베이니아, 로드아일랜드. 테네시, 텍사스. 유타, 버몬트, 워싱턴, 위스콘신 주.

12 http://www.portal.state.pa.us/portal/server.pt

제3장

우리나라 성희롱의 특징

1. 성희롱을 말할 수 없는 현실

　우리나라 성희롱 현황을 파악하고 분석하는 것은 성희롱 관련 문제점과 대안을 찾기 위하여 필요하다. 성희롱 현황 분석을 통하여 직장 내 성희롱 경험, 성희롱 가해자의 특징, 성희롱에 대한 대응 및 예방 교육 효과 등을 살펴봄으로써 성희롱 문제를 효과적으로 해결할 수 있는 대응 방안을 모색할 수 있을 것이다.

　국가인권위원회의 성희롱 진정 현황을 2008년부터 2013년까지 보면 152건, 166건, 2010건, 216건, 228건, 240건으로 나타났으며 매년 일정 비율을 유지하며 증가하고 있다[1](박선영, 2011). 성

---

[1] 2005년부터 2010년까지 고용평등상담실 성희롱 사건 접수 현황을 보면 2005년 831건, 2006년 938건, 2007년 712건, 2008년 851건, 2009년 1,057건, 2010년 1,003건으로 나타났으며, 고용노동부의 2005년부터 2010년 성희롱 신고 사건을 보면 67건, 37건, 106건, 147건, 177건, 174건으로 매년

희롱에 대한 문제 제기 건수가 증가하는 것은 '성희롱'에 대한 인식이 마련되었음을 보여주는 것이기도 하지만, 성희롱이 직장 내에서 여전히 만연하게 발생하고 있음을 나타내는 것이기도 하다.

민주노동조합총연맹에서는 여성 노동자의 성희롱 경험을 분석하기 위하여 설문조사[2]를 실시하였다(민주노총, 2011). 설문 결과에 따르면 2년 동안 성희롱을 경험한 여성 근로자의 수가 응답자의 39.4%로 나타났으며, 여러 종류의 성희롱을 경험한 사례가 50%로 근로자들이 노동 현장에서 성희롱에 노출[3]되어 있고 일반화되어 있음을 알 수 있다. 성희롱 유형은 "여성을 비하하는 기분 나쁜 말이나 욕설을 들었다"가 24.1%로 가장 많았다.[4] 직장 내 성적인 농담과 수위는 남성 중심으로 구성되어 있으며, 직장 문화가 남성의 경험을 중심으로 형성되어 있음을 알 수 있다. 여성을 동

증가하였음을 알 수 있다.

2 전국민주노동조합총연맹 조합원(제주 제외)을 중심으로 설문 조사를 실시하여 총 1,652건을 분석하였다.

3 두 종류 이하 성희롱을 경험한 경우가 50%, 세 종류 이상의 성희롱을 경험한 사례가 50%로 여성들이 노동 현장에서 성희롱에 노출되어 있음을 알 수 있다.

4 "상대방이 성적인 이야기를 하거나 음담패설, 성적인 몸짓 등을 하여 불쾌하거나 당황한 적이 있다"(17.4%), "상대방이 성적 서비스를 요구하는 듯한 말과 행동을 하여 불쾌한 적이 있다"(17%)순으로 응답하였다(민주노총, 2011).

료로 보지 않고 비하하는 표현을 하는 것은 물론 성별에 따라 고정된 역할을 요구하는 경우 성적 굴욕감이나 혐오감을 느끼고 있다고 가장 많이 답변하여 성역할 고정화(젠더 행위 수행 강조)를 성희롱으로 느끼고 있음을 알 수 있다. 여성 근로자들은 노동 현장에서 임금, 승진, 배치 전환 등에 있어 남녀차별을 느끼고 있지만 차별 문제를 실질적으로 제기할 수 있는 통로가 제한되다 보니 차별의 한 유형인 성희롱을 문제 제기 수단으로 포괄적으로 활용하고 있음을 알 수 있다. 하지만 성역할 고정화를 성희롱으로 인식할 경우 성희롱 개념이 모호해질 수 있다. 따라서 성희롱 개념 설명 시 고용상 차별에 대한 설명이 충분히 이루어져야 할 것이며 고용상 차별 또한 남녀고용평등법에서 금지하고 있음을 인지할 수 있도록 하여야 할 것이다.[5]

성희롱은 근무 시간보다 회식, 접대, 야유회 등 근무 시간 외 업

---

5 남녀고용평등과일가정양립지원에관한법률 제2조(정의)에서는 "차별"이란 사업주가 근로자에게 성별, 혼인, 가족 안에서의 지위, 임신 또는 출산 등의 사유로 합리적인 이유 없이 채용 또는 근로의 조건을 다르게 하거나 그 밖의 불리한 조치를 하는 경우[사업주가 채용조건이나 근로 조건은 동일하게 적용하더라도 그 조건을 충족할 수 있는 남성 또는 여성이 다른 한 성(性)에 비하여 현저히 적고 그에 따라 특정 성에게 불리한 결과를 초래하며 그 조건이 정당한 것임을 증명할 수 없는 경우를 포함한다]를 말한다고 규정하고 모집, 채용, 임금, 승진, 교육, 배치 전환, 정년, 퇴직 등 근로 조건에 있어 차별적 대우를 하는 것을 금지하고 있다.

무 관련성이 있는 자리에서 59.5%로 더 높게 나타났다. 우리나라 회식 문화는 술을 대동하는 경우가 많으며, 술자리에서 일어나는 행위는 관대하게 받아들여지는 경향이 있다. 따라서 술자리에서 발생한 성희롱을 문제 제기하기 더욱 어려울 뿐만 아니라 성희롱을 문제 제기한 경우에도 '분위기 못 맞추는 사람, 술자리에서 발생할 수 있는 일을 꼬투리 잡는 사람'으로 비춰져 조직 문화에 맞지 않는 사람으로 보일 위험이 있다.

성희롱 가해자는 상급자 및 사업주가 65.0%로 가장 많았고 고객에 의한 성희롱이 16.6%를 차지하였으며, 가해자가 피해자보다 나이가 많은 경우가 95.5%, 남성이 가해자인 경우가 95.3%로 차지하여 높은 지위, 많은 나이, 남성이라는 성별이 각각 위계의 상위를 차지하므로 성희롱이 권력관계에서 발생하고 있음을 알 수 있다(민주노총, 2011). 그리고 이러한 관계는 상대적으로 약자의 위치에 있는 피해자가 성희롱에 대한 문제를 제기하기 어려운 상황임을 알 수 있다.

성희롱 경험이 업무에 어떤 영향을 미쳤는지에 대한 응답(중복 응답 가능)에서 '업무에 별다른 영향을 미치지 않았다'고 인식하고 있는 경우가 42.3%, '업무에 불편함이 생겼다'는 응답이 32.8%, '직장을 다니기 싫어졌다'가 23.1%로 나타났다. 업무에 영향을 미치지 않는다는 응답은 직장 내 성희롱이 일상적이고 당연하게 발생하여 성희롱이 문제라는 인식조차 만들어지지 않는 상황임을 알 수 있다.

성희롱 발생 시 대응 방법에 대하여 38.6%가 모르는 척하거나 자리를 피한다고 하였고, 37.7%가 간접적으로 불쾌하다는 의사 표시를 하였으며, 31.6%가 별다른 말과 행동을 하지 않는다고 응답하여 성희롱이 발생하였을 경우 적극적으로 문제 제기하기 어려움을 알 수 있다. 성희롱을 문제 제기한 경우에도 상대방이 곧바로 성적 언동을 중단할 확률은 43.6%에 불과하였고 오히려 농담을 하며 웃어넘기는 태도를 보인 경우가 47.5%, 응답자의 의사 표현에도 불구하고 계속 성적 언동을 한 경우도 21.3%로 나타났다. 피해자가 문제 제기로 상대방이 성희롱을 중단하는 경우가 일반적이지 않으며, 성희롱 문제를 진지하게 받아들이고 있지 않음을 알 수 있다(민주노총, 2011).

성희롱 문제를 제기한 후 본인이 자발적으로 부서나 근무지를 이동한 경우가 14.4%, 본인이 원하지 않았으나 부서나 근무지를 이동한 경우가 11%, 퇴사한 경우가 7%로 나타났다. 성희롱 문제 제기 후 '비난을 받거나 따돌림을 당했다'가 18.8%, '본인에 대한 악의적 소문이 퍼졌다'가 12.9%로 나타나, 성희롱 문제 제기 후 2차 피해가 심각하게 발생하고 있으며, 2차 피해에 대한 구제 수단이 필요함을 알 수 있다. 르노삼성자동차 사건[6]의 경우 성희롱 문

---

6 2013년 1년간 일상적으로 집요한 구애 행위와 신체 접촉을 당한 피해자가

제 제기로 인한 불이익의 대표적인 사례인데(김나현, 2014; 이소희, 2014), 성희롱 문제 제기 후 인사과에서 '여자가 먼저 꼬셨다더라'는 소문을 악의적으로 퍼뜨리고 다른 직원이 피해자와 어울리지 않도록 하였다. 피해자가 가해자의 징계 범위에 대한 문제 제기를 하고 성희롱 관련 진술서를 동료 근로자에게 받자 기업은 조직 분위기를 험악하게 만들었다는 이유로 피해자와 피해자를

직속 상사에게 성희롱 문제를 제기하자 오히려 "회사를 조용히 나가는 것이 모두를 위한 것"이라며 사직을 종용, 피해자가 인사팀에 공식적으로 문제를 제기했다. 가해자에게는 성희롱 증거 불충분 등을 이유로 '성희롱 및 음주 상태에서 시험용 차량 무단 반출' 사유로 정직 2주의 징계를 내렸고, 인사팀에서 고의적으로 '여자가 먼저 꼬셨다더라'라는 소문을 유포하고, 조직적으로 피해자를 따돌렸다. 가해자 정직 2개월 징계에 문제가 있다고 생각한 피해자가 대표이사, 가해자, 직속 상관, 인사 담당자를 대상으로 민사소송을 하기로 하고 증거 자료를 확보하기 위하여 동료들에게 진술서를 요청하자 '강압적으로 진술서를 받아내어 사내 분위기를 험악하게 만들었다'며 피해자에게 견책 징계를 내렸다. 인사팀에서 고의적으로 피해자에 대한 나쁜 소문을 유포하였음을 알려준 직장 동료에게 근태 불성실을 이유로 정직 1주 보복성 징계를 하고 피해자와 조력자를 회사 기밀을 유출했다는 이유로 절도죄와 절도방조죄로 고소하고 두 사람에게 직무 정지를 내리고 집기도 없는 독방에 대기 발령시키고 점심 시간과 오전 오후 10분 동안만 이동할 수 있다고 명령하고 그 외 이동 조치도 금지했다. 성희롱 피해자와 조력자에게 고용상 불이익을 준 사건이다. 당 사건은 2018년 4월 20일 대법 판결 취지에 따라 사측의 '보복성 인사' 책임을 인정하여 피해자에게 4000만 원 손해배상을 하도록 하는 원고 일부 승소 판결이 나왔다.

도운 동료 직원까지 징계하였다. 성희롱이 중요한 문제로 받아들여지지 않는 분위기에서 성희롱 문제를 제기하는 것이 얼마나 어려운지 알 수 있다.

2. 유명무실한 성희롱 예방 및 구제

사업장 내 근로자 수가 1인 이상인 사업장은 성희롱 예방 교육을 연 1회 이상 의무적으로 실시하도록 규정하고 있다. '성희롱 예방 교육이 이루어진다'는 답변은 53.5%에 불과하였으며, '정기적으로 실시하지 않는다'는 답변이 25.6%, '모른다'는 응답이 20.9%로 나왔다(민주노총, 2011).

2015년 국정감사 자료[7]에 따르면 2010년부터 2015년 7월까지 점검한 사업장의 99.8%가 미실시한 것으로 나왔다. 뿐만 아니라, 성희롱 예방 교육과 성희롱 경험률 간의 연관 관계가 낮게 나타나, 현재 성희롱 예방 교육이 효과적으로 이루어지지 않음을 알 수 있다.

---

7 서혜림, 「주영순 〈사업장 99.9% 직장 내 성희롱 예방 교육 미실시〉」, 연합뉴스, 2015.9.22. http://www.yonhapnews.co.kr/bulletin/2015/09/22/0200 000000AKR20150922213700001.HTML?input=1195m

1) 부족한 전문 강사

성희롱 예방 교육은 성별화된 조직 문화에 대한 균열을 일으키는 기능을 하기 때문에 강사의 전문성이 필수적으로 요구되고, 그에 따라 강사 관리 감독이 필요하다. 그러나 현재 위탁 형식으로 정부가 관리하는 성희롱 예방 교육 전문 강사 양성 과정은 여성가족부의 양성평등교육진흥원과 고용노동부의 4곳(2013년 확인)[8]에 불과하였다. 현재 양성평등교육진흥원에 소속된 성희롱 예방 전문 강사 수는 2015년 515명[9]이며, 매년 평균 70명씩 직장 내 성희롱 예방 교육 강사로 양성되고 있다. 고용노동부에서 위촉받아 운영되는 (사)여성노동법률지원센터의 경우 평균 연 4회, 회당 40명이 성희롱 예방 교육 강사 양성 과정을 통하여 전문 강사로 양

---

8 "우리 부는 고용노동부 장관이 직접 실시하는 강사 양성 교육 과정으로 한국고용노동교육원에 위탁하여 '직장 내 성희롱 강사 양성 과정'을 2001년부터 2008년까지 운영하였고 고용노동부 장관이 교육 과정을 승인하거나 비용의 전부 또는 일부를 지원하는 강사 양성 교육으로 2010년부터 (사)여성노동법률지원센터와 평생교육기관이 협력하여 강사 양성 과정에 대하여 사업주 직업 능력 개발 훈련 과정으로 승인받아 운영 중입니다. 또한, 12년에는 한국양성평등진흥원과 업무 협의를 통해 '직장 내 성희롱 예방 업무 담당자 교육 과정'을 개설하여 사업장 내 성희롱 예방 업무 담당자들의 업무 역량 강화 기회를 제공하고 있음을 알려드립니다."(2013.5.7. 질의 회신 내용 중).

9 한국양성평등교육진흥원 전문강사 찾기. http://gangsa.kigepe.or.kr/front/special_lecturer_bank/search/list.act?pageCode=P040201

성되고 있다. 2015년 고용노동부에서 교육 전문 기관으로 위탁한 곳은 총 68곳이며 위탁 기관에 소속된 전문 강사 수는 92명에 불과하다. 양성평등교육진흥원과 고용노동부에 소속된 성희롱 예방 교육 전문 강사 총수는 607명[10]에 불과한데, 2013년 통계청[11]에 따른 전체 사업장 수는 3,676,876개로 강사 1인당 맡아야 할 사업장 수는 6,057개로 나타났다. 이러한 통계에 의하면 강사의 숫자는 턱없이 부족하고, 그나마 강사 대부분이 수도권에 밀집되어 있어 지방의 경우 전문 강사 수는 더 부족한 실정이다. 법정 교육으로 의무화하고 있음에도 전문 강사가 충분히 양성되지 않기 때문에 사설기관에서 강사 양성 과정을 운영하거나 전문성을 갖추지 못한 강사가 교육을 하는 등 부작용이 발생하고 있다. 강사 양성 과정은 '웃음치료사 전문 자격증 취득반, 직장 내 성희롱 예방 교육 강사 양성 과정'으로 1시간 운영되는 경우도 있었다(안정은, 2013). 2010년 법무부 성희롱 예방 교육[12]은 '애정남과 함께하는

---

10 고용노동부 보도자료(2015.10.21.(수)). http://news.molab.go.kr/newshome/mtnmain.php?mtnkey=articleview&mkey=scatelist&mkey2=30&aid=6078

11 통계청, 「시도 · 산업 · 사업체구분별 사업체수, 종사자수」, 2013. http://kosis.kr/common/meta_onedepth.jsp?vwcd=MT_OTITLE&listid=101_MT_CTITLE_K_1

12 법무부 (2011) 성희롱 예방 교육－애정남과 함께 하는 성희롱 예방 교육. https://www.youtube.com/watch?v=YrxEp15FMA0

성희롱 예방 교육'으로 개그콘서트 팀이 성희롱을 희화화하여 운영되기도 하였다.

2) 직장 내 피해자 구제 기구는 없다

성희롱 피해 구제에 대해서는 고충 처리 기구나 담당 직원이 있다는 응답은 32.7%에 불과하고 없다거나 모른다는 응답이 37.5%, 29.8% 답변하여 고충 처리 기구가 없거나 있더라도 직원이 모르는 경우가 70%에 가깝다는 것을 알 수 있다(민주노총, 2011). 설령 고충 처리 기구가 있다고 하더라도 형식적으로 운영되는 경우가 많은데, 르노삼성자동차도 대기업임에도 불구하고 피해자 보호 관점에서 구제가 이루어지지 않았다. 1년 동안 구애 행위와 원치 않은 신체 접촉 등이 지속되었는데도 증거 불충분을 이유로 성희롱을 인정하지 않았고, "오일 마사지 해줄까"라는 발언만 성희롱으로 보고 가해자는 2주 정직이라는 가벼운 징계만 받았다. 반면, 사건 담당자는 성희롱 사건에 대하여 비밀을 유지하여야 함에도 오히려 피해자가 가해자를 유혹했다는 악의적인 소문을 퍼뜨리기도 하였다.

근로자의 피해 구제 방법에 대한 인지도를 알아본 결과, '회사가 가해자를 징계할 수 있다'는 내용을 아는 사람이 72.4%에 불과하였으며, '노동부에 신고'를 아는 사람이 35.1%, '국가인권위원회에 구제 신청을 한다'를 아는 사람은 28.5%, '민사상 손해배상 소송을 한다'를 아는 사람이 25.9%에 불과하여, 사내 구제 절차뿐만 아니라 공식적인 구제 절차에 대한 내용을 근로자가 인지하고 있을 가능성이 매우 낮음을 알 수 있다.

직장 내 성희롱은 만연하게 발생하고 있음에도 이에 대한 문제 제기가 제대로 되고 있지 않음을 알 수 있는데, 노동 현장에서 성희롱은 중요하지 않은 문제로 다루어지고 있었다. 성희롱의 가해자는 상급자, 피해자보다 나이가 많은 자, 남성인 경우가 많아, 가해자는 주로 위계상 상위의 위치에 있는 자로서, 성희롱이 권력관계에서 발생하고 있음을 알 수 있다. 성희롱 예방 교육은 형식적으로 이루어지고 전문 강사 수가 턱없이 부족하여 사설기관에서 전문성을 갖추지 못한 강사가 난립하고 있다. 현재 노동 환경에서는 성희롱이 발생하였을 경우 공식적으로 문제 제기하기 어려우며, 문제 제기하더라도 성희롱을 진지하게 받아들이지 않는 분위기 때문에 피해자 보호관점에서 피해자 구제가 이루어지기 어려움을 알 수 있다.

우리나라 성희롱 예방 체계의 실태

예방 체계를 살펴보기 위해서는 법제도와 행정 내용을 보아야한다. 법제도에 성희롱 개념, 사용자의 의무, 성희롱 예방과 해결 관련 내용이 어떻게 규정되어 있는지 살펴보고, 법제도가 실행되기 위한 행정의 구체성, 즉 정부가 제공하는 자료 및 행정의 접근가능성을 중심으로 살펴볼 필요가 있다. 우리나라에서는 남녀고용평등법, 양성평등기본법, 국가인권위원위법에서 성희롱과 관련된 규정을 하고 있으며, 고용노동부, 여성가족부, 국가인원위원회 기관에서 성희롱 관련 법제도를 관할하고 있다.

각 법규별 내용과 성희롱 관할 기관이 상이함에 따른 문제점을 살펴보고 성희롱 예방 내용과 법제도부재에 대한 문제점을 성희롱 예방 교육과 강사 양성 과정 등을 중심으로 보고자 한다. 또한, 정부에서 제공하는 강의안과 매뉴얼이 성희롱을 예방하는 데 어떤 역할을 하는지 그리고 행정의 접근성을 살펴볼 필요가 있다.

1. 모호한 성희롱 개념

    Sexual harassment가 '성희롱'으로 번역되기까지 논란[1]이 있었다. '희롱'이라는 용어는 성을 쾌락과 유희의 대상으로 보며 그 주체가 남성이라는 측면에서 고용상 차별이고 근로자의 노동권과 건강권을 침해하는 문제의 무게를 충분히 담지 못하고 있다. 이는 성을 남성이 주체인 성관계 중심으로 인식하는 우리나라의 성문화를 반영하는 것이다. 처음 서울대 신 교수 성희롱 사건에서 1심 승소를 한 후 한겨레신문에서 '성희롱'으로 명하면서 Sexual harassment는 '성희롱'으로 명하게 되었다(한인섭, 1993). Sexual harassment를 성희롱으로 명하는 것이 옳은 것인가에 대한 의문은 여전히 남지

---

1 신성자(1993)는 Sexual harassment를 '성적 성가심'으로 명하기를 제안하였고 한인섭(1993)은 '성적 모욕'으로 명할 것을 제안하였다.

만, '성희롱'으로 정의되고 대중에게 유통됨에 따라 '성희롱'을 새로운 '기표'로 변경하는 것보다는 성희롱이 고용상 보복 및 위협이고 고용상 차별이며 노동권과 건강권 침해라는 '기의'를 나타내는 것이 중요하다고 볼 수 있을 것이다.

현재 성희롱 법규는 남녀고용평등법, 양성평등기본법, 국가인권위원회법[2]에서 규정하고 있고, 고용노동부, 여성가족부, 국가인권위원회에서 담당하고 있다. 남녀고용평등법에서는 주체가 사업주, 상급자, 근로자이고 대상은 다른 근로자이다. 양성평등기본법에서는 국가기관, 지방자치단체, 공공단체가 주체이며, 대상은 업무, 고용 그 밖에 관계된 자이고 피해자가 특정되어 있지 않다. 국가인권위원회법에서는 공공기관, 지방지치단체, 학교, 공직 유관단체의 종사자, 사용자가 주체이며, 대상의 제한이 없다. 각 법은 크게 보면 일반기업과 공공기관으로 주체와 객체 그리고 대상 범위에서 차이가 있지만, 성희롱을 정의하는 내용은 동일하다. 성희롱 정의는 '행위자가 직장 내 지위 또는 업무와 관련하여 성적인 언동 등으로 성적 굴욕감과 혐오감을 느끼게 하거나 이에 불응을 이유로 고용상 불이익을 주는 것'으로 동일하게 규정하고 있다.

---

2 박선영(2014)에 의하면, 국가인권위원회의 경우 법 제정 당시 성희롱 관련 규정이 없었으나, 2005년 여성부의 남녀차별 개선 업무와 노동부 고용 평등 사무, 보건복지부의 장애인 차별 금지 관련 업무를 통합하고 성희롱 관련 조항이 신설되었다.

성희롱이 성립하기 위해서는 업무 관련성이 있고 성적 굴욕감 또는 혐오감을 느끼거나 고용상 불이익을 주는 경우여야 한다. 성희롱은 성적인 이유로 굴욕감과 혐오감을 주는 고용상 차별이며, 고용상 불이익을 주는 근로 조건의 문제임과 동시에 작업 환경에 대한 문제이다. 하지만, 성희롱 정의에 '근로 조건, 고용 환경'[3]이라는 용어를 사용하지 않음으로써 노동권 침해라고 인지하기 어렵게 만든다. '굴욕감과 혐오감'이라는 표현은 성희롱을 불쾌한 감정으로 가볍게 인식[4]하게 만든다. 피해자의 감정을 성희롱 성립 요건으로 함으로써, 피해자가 느끼는 주관적인 감정에 따라 성희

---

3 동법 시행 규칙 별표 1에서는 직장 내 성희롱을 판단하기 위한 기준의 예시를 들고 있으며, 성희롱을 판단하는 기준을 결과적으로 위협적·적대적인 고용 환경을 형성하여 업무 능률을 떨어뜨리게 되는지를 검토하여야 한다는 내용을 비고로 제시하고 있으나, 법과 친숙하지 않은 일반인이 별표 1 내용까지 찾아보기에는 어려움이 있을 것이다. 2018년 5월 29일 적용되는 개정된 남녀고용평등과일가정양립지원에관한법률에서는 성희롱 정의를 "근로 조건 및 고용에서 불이익을 주는 것"으로 변경하였다.

4 성희롱 피해자의 기분에 따라 '코에 걸면 코걸이, 귀에 걸면 귀걸이식'으로 성희롱을 이해하는 경우가 많으며, 이를 희화화하는 내용을 방송 프로그램에서 다룬 바 있다(tvn 〈SNL코리아−양동근 편〉, 2012.6.9, 30 : 58~34 : 16). 직장 내 성희롱 예방 교육 비디오 편에서는 잘생긴 남성 근로자가 하면 성희롱이 아니고 못생긴 남성 근로자가 하면 성희롱이라는 식으로 피해자의 굴욕감과 혐오감을 고용 환경과 맥락을 고려하지 않고 개인적인 기분으로 희화화하고 있다. https://www.youtube.com/watch?v=xKgMj74CVwA

롱이 좌우된다는 인식을 가지게 만드는 것이다. 이러한 성희롱 정의는 성별화된 노동 환경에서 성적인 언동으로 혐오감 또는 불쾌감을 느끼는 피해자를 까다롭고 같이 일하기 힘든 근로자로 인식하게 만들어 고용 차별을 일으키는 기제로 작동하게 된다. 그리고 성희롱은 중요하지 않은 문제로 유통됨에 따라 피해자가 성희롱을 공식적으로 문제 제기하는 것을 더욱 어렵게 만들고 피해자를 침묵하게 만드는 것이다.

각 기관의 운영 목적이 다르기 때문에 성희롱을 보는 관점은 서로 차이가 발생하게 되고 이에 따라 성희롱 예방 교육, 피해자 구제 방안에 있어 혼동이 발생하여 실질적인 효과를 기대하기 어렵게 만든다. 남녀고용평등법 규정 목적은 고용과 근로 조건에 있어 남녀의 평등한 기회와 대우를 보장하고 일가정양립 지원을 위한 것으로, 성희롱을 작업 환경의 문제, 고용 차별에 의한 노동권 문제로 보고 사용자에게 성희롱을 예방하고 해결할 책임과 의무를 부여한다. 하지만, 양성평등기본법 규정 목적은 정치·경제·사회·문화의 모든 영역에서 양성평등을 실현을 위한 것으로 성희롱을 성평등 관점에서 성폭력, 가정폭력, 성매매 범죄 예방 교육과 통합하여 운영[5]할

---

5 양성평등기본법 제30조(성폭력·가정폭력·성매매 범죄의 예방 및 성희롱 방지) ① 국가와 지방자치단체는 관계 법률에서 정하는 바에 따라 성폭력·가정폭력·성매매 범죄 및 성희롱을 예방·방지하고 피해자를 보호하여야 하며, 이를 위하여 필요한 시책을 마련하여야 한다. ② 국가와 지방

수 있도록 한다. 성희롱을 성평등 관점으로 교육하는 것이 문제가 있는 것은 아니지만, 현재 성폭력, 가정폭력, 성매매, 성희롱이 발생하는 근본적인 원인과 각 유형의 특성을 세밀하고 풍부하게 전달할 수 있는 강사가 부재한 상황에서 성희롱을 성폭력의 한 범주로 강의하는 것은 위험할 수 있다. 강사의 전문성이 전제되지 않은 상황에서 일반 성폭력 범죄와 동일하게 볼 경우 성희롱을 개인의 문제, 당사자 문제로 볼 가능성이 높으며, 노동권 측면에서 성희롱을 예방하고 해결해야 하는 '사용자'의 의무와 책임이 희석될 가능성이 높다.[6]

국가인권위원회법은 개인이 가지는 불가침의 인권을 보호하고 그 수준을 향상시킴으로써 인간으로서 존엄과 가치를 구현하고 민주적 기본 질서의 확립에 기여하기 위한 목적으로 제정되었다. 성희롱을 인권과 평등권 침해의 차별 행위[7]으로 보고 있으며, 성

자치단체는 관계 법률에서 정하는 바에 따라 성폭력 · 가정폭력 · 성매매 범죄의 예방을 위하여 교육을 실시하여야 하고, 각 교육과 제31조에 따른 성희롱 예방 교육을 성평등 관점에서 통합하여 실시할 수 있다.

6　양성평등기본법에서는 성희롱이 발생했을 경우 관리자(사용자)에 대한 책임 규정은 없으며, 관련자에 대한 징계를 장관이 요청할 수 있도록 규정(양성평등기본법 제31조 성희롱 예방 교육 등 방지 조치)하고 있을 뿐이다.

7　국가인권위원회법제2조(정의) 3.3. "평등권 침해의 차별행위"란 합리적인 이유 없이 성별, 종교, 장애, 나이, 사회적 신분, 출신 지역(출생지, 등록 기준지, 성년이 되기 전의 주된 거주지 등을 말한다), 출신 국가, 출신 민족,

희롱 사건을 일반 차별 사건과 동일한 절차로 조사하고 인권 교육 및 시정 권고하도록 한다.

성희롱이 발생하면 일반기업은 남녀고용평등법상 사용자에게 책임을 물을 수 있고 고용노동부와 노동위원회에 신고 가능하며, 사용자는 과태료 및 형사처벌 대상이 된다. 공공기관의 경우 국가인권위원회에 진정이 가능하며, 일반기업의 경우도 국가인권위원회에 진정[8]을 할 수 있다. 성희롱 개념을 동일하게 규정하고 있음

용모 등 신체 조건, 기혼·미혼·별거·이혼·사별·재혼·사실혼 등 혼인 여부, 임신 또는 출산, 가족 형태 또는 가족 상황, 인종, 피부색, 사상 또는 정치적 의견, 형의 효력이 실효된 전과(前科), 성적(性的) 지향, 학력, 병력(病歷) 등을 이유로 한 다음 각 목의 어느 하나에 해당하는 행위를 말한다. 다만, 현존하는 차별을 없애기 위하여 특정한 사람(특정한 사람들의 집단을 포함한다. 이하 이 조에서 같다)을 잠정적으로 우대하는 행위와 이를 내용으로 하는 법령의 제정·개정 및 정책의 수립·집행은 평등권 침해의 차별행위(이하 "차별행위"라 한다)로 보지 아니한다.

라. 성희롱[업무, 고용, 그 밖의 관계에서 공공기관(국가기관, 지방자치단체, 「초·중등교육법」 제2조, 「고등교육법」 제2조와 그 밖의 다른 법률에 따라 설치된 각급 학교, 「공직자윤리법」 제3조의2 제1항에 따른 공직유관단체를 말한다)의 종사자, 사용자 또는 근로자가 그 직위를 이용하여 또는 업무 등과 관련하여 성적 언동 등으로 성적 굴욕감 또는 혐오감을 느끼게 하거나 성적 언동 또는 그 밖의 요구 등에 따르지 아니한다는 이유로 고용상의 불이익을 주는 것을 말한다] 행위

8 국가인권위원회의 경우 법률에 의해 다른 기관에서 같은 진정 원인 사실에 대한 권리 구제 절차가 진행 중이거나 종결한 경우에는 각하 사유가 되

에도 운영기관의 관점이 다름에 따라 성희롱 구제 신청 효과는 서로 다르다. 남녀고용평등법은 노동권 관점에서 사용자 책임과 의무를 묻고 있는 반면, 양성평등기본법은 성평등 관점으로 사용자(국가기관)에게 행정·형사상 책임을 부여하지는 않는다. 국가인권위원회법은 다른 차별 사건과 동일하게 성희롱 진정 사건을 처리하고 있으며 성희롱이 인정되더라도 국가인권위원회의 결정은 권고 사항에 불과하여 강제력을 가지지 못한다. 일반기업의 성희롱 피해자는 고용노동부에 문제 제기 시 사용자의 책임과 처벌을 요구할 수 있지만, 국가인권위원회에 진정 시 사용자 처벌을 요구할 수 없고 인권 교육 실시 및 손해배상 권고의 결과[9]만 얻을 수 있다.

이처럼 성희롱은 고용 차별로서 고용 조건과 고용 환경을 저해하는 노동권 침해임에도 관할 기관마다 접근 방법이 달라 사용자 책임을 희석시키며, 성희롱 개념을 모호하게 하고 성희롱을 더욱 더 중요하지 않은 문제로 만드는 악순환이 유지되고 있는 것이다.

어 진정을 할 수 없다. 따라서, 일반기업은 노동부 구제 절차를 거친 후 국가인권위원회에 진정을 넣을 수 없으나, 국가인권위원회 진정 후 노동부 구제 절차 신청은 가능하다.
9 국가인권위원회 처분에 대하여 불복하여 행정소송 및 사법 구제 신청은 가능하다.

2. 미약한 사용자 책임과 경미한 처벌

사용자는 근로자에게 안전하고 쾌적한 환경을 제공할 의무가 있으며, 성희롱을 예방하고 해결할 중요한 책임을 가진다. 직장 내 성희롱 문제를 해결하기 위해서는 '직장'이라는 공간이 갖는 특수성과 구성원들이 그 공간 안에서 맺고 있는 위계 또는 관계에 주목할 필요가 있으며, 이 지점에서 고용상의 차별을 시정하고 성희롱으로부터 안전한 노동 환경을 제공할 사용자의 의무와 책임을 묻게 된다(국미애, 2004). 이것은 근로 계약을 체결함에 따라 안전하고 쾌적한 작업 환경을 제공해야 하는 근로 계약상 내재된 사용자의 의무이기 때문이며, 이러한 관점은 국제적 차원에서 보편적으로 인정되고 있다. UN, ILO, EU 등 국제기구와 각국 입법례에서 사용자는 남녀 고용 평등 실현의 차원에서 성희롱의 예방과 방지를 도모할 의무와 책임을 가지며, 이러한 의무를 위반한 경우 성희롱에 대한 책임을 진다는 입장을 확립하고 있다(김엘림, 2001).

사용자의 성희롱 예방과 해결의 책임의 효과를 기대하기 위해서는 사용자의 성희롱 예방과 해결 의무 조항을 구체적으로 명시하고 이를 위반하였을 때 받는 처벌 또한 가중을 두어야 할 것이다. 성희롱을 행하면 무거운 처벌을 받을 수 있다는 예측을 사용자가 하게 되면, 성희롱을 예방하고 해결할 책임을 성실히 수행할 것이라 기대할 수 있기 때문이다.

현재 남녀고용평등법에서만 사용자에 대한 성희롱 예방과 해결에 대한 책임을 묻고 있다.[10] 동법에 따르면 사용자는 성희롱이 금지되고 성희롱 예방 교육을 연 1회 이상 실시하여야 하며, 성희롱이 발생하였을 때 지체 없이 가해자에게 징계나 그에 준하는 그 밖의 조치를 하여야 한다. 그리고 사용자는 성희롱 피해를 주장하는 자에게 고용상 불이익을 주어서는 안 되며, 고객 등에 의한 성희롱이 발생하였을 경우 근로자의 고충을 해소하기 위한 노력을 하도록 규정하고 있다.[11]

---

10 양성평등기본법에서는 국가기관 장과 공공기관 사용자에게 2015년 12월 23일부터 성희롱 예방 교육 등 방지 조치 의무를 부여하고 있으나, 이를 위반을 이유로 사용자에게 책임을 묻지는 않는다. 단지, 정부 업무 및 공공기관 운영 평가에 반영하도록 요구할 수 있을 뿐이다.

11 남녀고용평등법 제12조(직장 내 성희롱 금지), 제13조(직장 내 성희롱 예

남녀고용평등법에서는 직장 내 성희롱에 대한 사용자의 책임 범위를 명시하고 있다. 사용자가 성희롱을 하였을 경우 1,000만 원 이하 과태료, 가해자 징계 등 적절한 조치를 하지 않았을 경우 500만 원 이하 과태료를 규정하고 있다. 또한, 성희롱을 문제 제기한 피해자에게 고용상 불이익을 주었을 경우 3년 이하 징역 또는 2,000만 원 이하 과태료, 고객으로부터 성희롱을 당한 피해자에게 고용상 불이익을 주었을 경우 500만 원 이하 과태료, 성희롱 예방 교육을 하지 않았을 경우 300만 원 이하 과태료 책임을 규정하고 있다.

　　하지만, 동법 시행령 별표[12]에서는 사용자가 성희롱을 한 경우 횟수와 기간에 따라 과태료 금액을 세분화하고 있다. 사용자가 성희롱을 하고 과태료 처분을 받았음에도 3년 이내 성희롱을 다시 한 경우 1,000만 원, 한 사람에게 수차례 성희롱을 하거나 두 명 이상에게 한 경우 500만 원, 그 밖의 직장 내 성희롱을 한 경우

방 교육), 제14조(직장 내 성희롱 발생 시 조치), 제14조의 2(고객 등에 의한 성희롱 방지).

12 남녀고용평등법 시행령 별표 위반 행위의 종류별 과태료 부과 기준(제22조 제1항 관련) 비고 : 고용노동부 장관은 위반 행위의 동기와 그 결과 등을 고려하여 과태료 부과 금액을 2분의 1의 범위에서 늘리거나 줄일 수 있다. 이 경우 과태료의 총액은 법 제39조 제1항부터 제3항까지의 규정 중 해당 조항의 과태료 상한액을 초과할 수 없다.

300만 원으로 명시하고 있어, 성희롱을 최초 위반한 사용자의 처벌 내용은 300만 원 과태료에 불과[13]하다. 또한, 사업주가 성희롱 가해자에게 적절한 조치를 하지 않았을 경우 법적 기준은 500만 원인데, 별표에서는 부과 기준을 오히려 400만 원으로 낮추고 있다. 사용자 처벌 수준이 경미하여, 처벌을 예측하고 성희롱을 예방할 수 있는 효과를 기대하기 어려워 보인다.

뿐만 아니라, [표 3]에서 2008년부터 2010년 6월까지 고용노동부 직장 내 성희롱 신고 사건 처리 현황을 보면 전체 197건의 진정 사건 중 80.2%인 158건이 신고 사건의 행정 종결(무혐의 또는 합의)로, 6.59%인 13건이 과태료, 7.61%인 13건이 불기소 처분을, 5.58%에 불과한 11건만이 기소 처분[14]을 받은 것으로 나타났다. 사용자가 과태료나 형사처벌 등의 책임을 지는 경우가 매우 적음을 알 수 있다.

---

13 사용자가 성희롱을 단 한 번만 하더라도 엄중한 처벌을 받아 성희롱이 반복되지 않도록 하여야 하는데, 별표에서 제시하고 있는 과태료 내용은 사용자의 성희롱 재범을 예상하고 있는 것처럼 보인다.
14 검찰로 이송되는 것으로 형사처벌 대상이 된다.

[표 3] 직장 내 성희롱 신고 사건 처리 현황[15]

구분	2008년	2009년	2010년 6월	합계(건)	처리 확률(%)
신고 사건	77	87	33	197	100
행정 종결	64	69	25	158	80,20
과태료	3	6	4	13	6,60
불기소	3	8	4	15	7,61
기소	7	4	0	11	5,58

동법 제14조 ①항에서는 사용자는 성희롱 가해자에게 직장 내 성희롱 발생이 확인된 경우 지체 없이 가해자에 대하여 징계나 그 밖에 이에 준하는 조치를 하도록 규정하고 있으나, 그 수준에 대하여 정해진 바가 없다. 따라서 징계 내용은 사용자의 재량과 직장 문화에 좌우되며, 사용자는 가해자에게 단순히 '조치'만 취하면 법위반 사항이 없는 것[16]이다.

가해자 징계 기준 및 내용이 없기 때문에 사내 구제 절차는 누가 판단하느냐에 따라 달라지며, 성희롱이 중요한 문제로 다뤄지

---

15 고용노동부 2010년 환경노동위원회 국정 감사 요구 자료로 재구성.

16 필자가 고용노동부에 사용자의 조치는 어떠한 수준이어야 하는지 전화로 문의하자, 담당자는 조치 내용에 대한 규정이 없기 때문에, '조치만 있으면 충분하다'는 입장이었다.

지 않는 조직 문화에서는 가해자 징계 내용이 경미한 수준이라고 예측할 수 있다. 노동 현장에서 성희롱은 중요하지 않은 문제로 다뤄짐에 따라 피해자 보호 관점에서 사건 해결을 기대하기 어렵다. 현재 성희롱 관련 사용자의 처벌 수준이 매우 경미하고 사용자의 성희롱 해결 내용에 대한 매뉴얼이 부재하기 때문에 사용자가 성희롱 예방 및 해결의 의무와 책임을 성실히 이행할 것을 기대하기 힘든 실정이다.

3. 효과를 기대하기 어려운 성희롱 예방 교육

성희롱 예방 교육은 근로자의 인식을 바꿈으로써 사용자와 근로자가 성희롱을 예방하고 해결할 수 있는 조직 문화를 만들 수 있다는 점에서 매우 중요한 기능을 한다. 현재 성희롱 예방과 관련하여 남녀고용평등법에서는 예방 교육 관련 규정만 있을 뿐이다. 공공기관은 양성평등기본법에서 예방 교육 의무 규정을 두고,[17] 성희롱 예방 교육 등 방지 조치 의무 규정을 신설[18]하여 그 결

---

17 여성가족부, 「공공기관 실태 조사 보도자료」, 2012.12.26. 2011년 성희롱 예방 교육 실시 결과 99% 성희롱 예방 교육이 이루어지고 있었다.

18 양성평등기본법 제31조(성희롱 예방 교육 등 방지 조치)
  양성평등기본법 시행령 제20조(성희롱 방지 조치 등)
  ① 국가기관, 지방자치단체 및 제2조에 따른 공공단체(이하 "국가기관 등"이라 한다)의 장은 법 제31조 제1항에 따라 성희롱 방지를 위하여 다음 각

과를 매년 장관에게 보고하고 언론에 공표하도록 하고 있는데, 이는 2015년 12월 23일부터 시행되고 있으나, 아직 그 내용을 분석하기에는 한계가 있어, 남녀고용평등법상 성희롱 예방 교육 중심으로 문제점을 보고자 한다.

남녀고용평등법 시행령은 예방 교육 내용을 규정하고 있다. 교육 내용은 직장 내 성희롱에 관한 법령, 해당 사업장의 직장 내 성희롱 발생 시의 처리 절차와 조치 기준, 해당 사업장의 직장 내 성

호의 조치를 하여야 하며,「남녀고용평등과 일·가정 양립 지원에 관한 법률」제3조 제1항에 따른 사업 또는 사업장 중 국가기관 등이 아닌 사업 또는 사업장의 사업주는 같은 법에 따라 성희롱 방지 조치를 하여야 한다.
방지 조치 의무 내용은 매년, 성희롱 예방 교육 및 방지 조치에 대한 점검을 하여야 하며, 부실하다고 인정할 경우 관리자에 대한 특별 교육을 하도록 하고 있으며, 성희롱 방지 조치 및 점검 결과를 정부 업무 평가 시 반영하도록 요구할 수 있도록 하고 있다. 시행령에서 성희롱 방지 조치에 대하여 상세히 규정하고 있는데, 연간 추진 계획 수립, 성희롱 문제를 전담하는 공식 창구 마련, 고충 담당자 지정, 예방 지침 마련, 공식 창구 운영에 관한 사항, 매뉴얼에 관한 사항, 피해자 불이익 조치에 관한 사항, 피해자 비밀 보장에 관한 사항, 피해자 치료 지원 및 가해자 인사 조치 등 피해자 근로권, 학습권 보호를 위한 사항 등이다. 2015년 12월 23일부터 성희롱을 예방하기 위한 지침을 마련하여 시행하고 있다. 이 법이 효과적으로 시행되기 위해서는 각 정부기관에 대한 홍보 및 교육이 필요할 것이다. 또한, 여성가족부장관은 3년마다 성희롱에 대한 실태 조사를 실시하여 그 결과를 발표하고, 이를 성희롱을 방지하기 위한 정책 수립의 기초 자료로 활용하도록 하고 있다.

희롱 피해 근로자의 고충 상담 및 구제 절차, 그 밖에 직장 내 성희롱 예방에 필요한 사항이다. 성희롱 '예방' 교육임에도 그 내용은 '해결'에 초점을 두고 있다. 교육 내용은 직장 내에서 성희롱이 왜 금지되어야 하는지, 어떤 부분이 노동권 침해이며 고용상 차별인지 충분히 설명하지 못한다. 법 규정에서 '성희롱 발생 시 구제 절차'를 교육하도록 규정하고 있지만, 사기업에 구제 절차를 갖추도록 강제하고 있지 않기 때문에 성희롱 구제 절차를 갖춘 사업장은 매우 적을 것이다. 또한, 30인 이상 사업장에만 고충 처리 절차[19]를 두도록 규정하고 있어, 30인 미만 사업장의 경우 근로자 고충 처리 시설을 갖추고 있을 가능성은 매우 낮다. 이러한 노동 환경에서 성희롱 발생 시 구제 절차에 대한 교육은 형식적이고 의미 없는 내용에 불과하다. 현재 법 규정은 성희롱 예방 교육을 법으로 명시하였다는 의미만 가질 뿐 성희롱 예방과 해결을 기대할 수 있는 교육의 효과를 기대하기 어렵다.

 고용노동부에는 기업의 성희롱 예방 교육 실시 여부를 관리 감

---

19 근로자참여및협력증진에관한법률 제26조(고충처리위원). 모든 사업 또는 사업장에는 근로자의 고충을 청취하고 이를 처리하기 위하여 고충처리위원을 두어야 한다. 다만, 상시 30명 미만의 근로자를 사용하는 사업이나 사업장은 그러하지 아니하다.
하지만, 노동 현장에서는 고충처리위원도 형식적으로 이루어짐에 불과해 근로자의 고충처리 역할을 하지 못하고 있다.

독한 공식 통계가 존재하지 않는다(박선영, 2014). 성희롱 예방 교육은 고용노동부에서 매년 일부 점검 대상 기업을 선정하여 진행하는 자율 점검 사업[20]을 통하여 확인할 수밖에 없는 상황이다. 보도자료[21]를 보면 2010~2015년 7월에 점검 사업장 42,919곳의 99.9%가 성희롱 예방 교육을 실시하지 않았으며, 2012년 '남녀고

---

20 고용노동부, 「2015년 근로 조건 자율 개선 지원 사업 운영지침」, 2015. "근로 조건 자율 개선 지원 사업"이란 사업장 스스로 법정 근로 조건 준수 여부를 점검하고 위반 사항을 개선하도록 노동 관계 전문가의 서비스를 지원하는 사업을 말한다(이하 "지원 사업"이라 함).

자율 점검 사업이란 사업장 스스로 근로 조건을 준수하고 있는지 자율적으로 점검하는 것으로 고용노동부에서 위탁받아 공인노무사협회와 경제단체(사업주 단체)에서 수행한다. 따라서 공인노무사 또는 경제단체에 소속된 공인노무사가 점검을 나가게 된다. 필자도 매년 자율 점검을 하는데, 대상 기업은 영세한 사업장이 대부분이며, 수행자가 누구냐에 따라 점검 내용이 달라진다. 예를 든다면 성희롱 예방 교육 의무를 위반하였을 경우 결과 보고서에 근로자 참석 확인서만 첨부하면 되기 때문에, 사업장에서 교육 참석 확인서를 제출하였을 경우 실질적으로 교육이 이루어졌는지 확인하는 것은 수행자 재량인 것이다. 따라서 사업장에서 전체 근로자 교육 참석 확인서만 제출하고 점검자가 그 내용을 그대로 신뢰한다면 성희롱 예방 교육 위반은 개선된 것으로 보고되는 것이다. 자율 점검 위탁 수행 수수료가 기업 1곳당 80,000~16,7800원에 불과하기 때문에, 위탁 수행자가 자율 점검을 꼼꼼히 할 가능성은 낮다고 할 수 있다.

21 조을순, 「주영순 '사업장 99.9% 직장 내 성희롱 예방 교육 미실시'」, SBS 뉴스, 2015.9.23. http://news.sbs.co.kr/news/endPage.do?news_id=N1003184716&plink=ORI&cooper=NAVER

용평등 우수기업'으로 장관 표창을 받은 기업도 예방 교육을 실시하지 않은 사업장으로 적발되었다. 고용노동부는 남녀고용평등법상 성희롱 예방 교육 의무 규정에 따라 이를 관리·감독할 의무가 있음에도 불구하고 성희롱과 관련하여 가장 기본적인 예방 교육 관리 체제조차 갖추고 있지 않은 채 수수방관으로 일관하고 있다.

남녀고용평등법에서는 사업장 규모와 특성을 고려하여 직원 연수, 조회, 회의, 인터넷 등 정보통신망을 이용한 온라인 교육을 할 수 있도록 하고 있다. 하지만 단순히 교육 자료의 배포·게시, 전자우편 발송·게시판 공지에 그치는 등 근로자에게 교육 내용이 제대로 전달되었는지 확인하기 곤란한 경우에는 예방 교육을 한 것으로 보지 않는다.[22] 10인 미만 근로자를 고용하거나 동성 근로자만으로 이루어진 사업장은 교육 자료 및 홍보물을 게시하거나 배포하는 방식을 허용하고 있다. 고용노동부는 지침으로 온라인 교육도 일정한 요건을 갖춘 경우 인정하고 있다.[23] 하지만 온라인

---

22 남녀고용평등과일가정양립지원에관한법률 시행령 제3조(직장 내 성희롱 예방 교육) 및 양성평등기본법 시행령 제19조(성희롱 예방 교육)에서는 성희롱 예방 교육 방법과 관련하여 강의, 시청각 교육 또는 인터넷 홈페이지를 이용한 교육 등 다양한 방법으로 실시할 수 있되, 교육의 효과 보장을 위하여 대면 교육이 반드시 포함되도록 하고 있으며 1시간 이상 교육하도록 하고 있다.

23 노동부 행정해석 여정68247-392. 최근 통신교육 기법이 개발되고 있어 통신교육(원격교육)을 이용해서 교육을 실시하는 것도 가능하나, 구성 단

성희롱 예방 교육은 기준 및 지침이 없고 기업 내 교육 담당자 재량에 따라 좌우되고 있기 때문에 내용과 관계없이 '쉽고 빠르게' 진행할 수 있는 온라인 교육을 선호하게 될 가능성이 크다(이혜경, 2013).

또한, 남녀고용평등법은 성희롱 예방 교육 시간을 규정하고 있지 않다.[24] 성희롱 예방 교육이 조직 구성원의 인식을 바꾸고 행동의 변화를 이끌어내기 위해서는 단순한 회의, 조례, 자료 배포 및 온라인 교육으로는 한계가 있으며 1시간 이내 단순히 정보 및 지식 전달 형식으로 이루어지는 교육의 경우 그 효과는 기대하기 어렵다.

효과적인 성희롱 예방 교육이 되기 위해서는 성희롱을 예방하고 해결하기 위한 필요성을 인식시킬 수 있는 교육의 당위성이 전제되어야 한다. 그리고 성희롱의 명확한 개념 및 유형, 성희롱 발생 원인, 성희롱 예방 방안, 성희롱 발생 시 구제 절차 등의 내용이 구체적으로 제시되어야 한다. 현 법제도에서 규정하고 있는 교육 의무와 내용만으로는 조직 구성원을 변화시켜 성희롱을 예방하고 해결할 수 있을 거라는 효과를 기대하기 힘들다.

위별 진도 체크, 교육 내용에 대한 테스트(확인), 궁금증에 대한 질의·응답 등 피교육자에게 교육 내용이 제대로 전달되는지 여부를 확인할 수 있는 기능이 구비되어 있어야 한다.

24 노동부에서 지정한 위탁 교육기관에서 교육을 진행하는 경우에는 1시간 이상 교육을 하도록 규정하고 있다.

하지만 정부가 중요하다고 인식하는 문제는 법이 구체적이고 세부적이며 효과적으로 정립될 수 있다. 산업안전보건법은 산업재해를 예방하고 쾌적한 작업 환경을 조성하여 근로자의 안전과 보건을 보장하기 위하여 규정[25]하고 있다. 동법 제32조부터 32조까지는 안전보건 교육 관련 내용을 규정하고 있으며, 동법 시행규칙 등에 따른 산업안전보건 교육 내용에 대해서는 '산업안전보건교육규정'을 별도 제정하여 교육 방법, 강사, 교육관리 등에 대하여 46개 조항으로 [표 4]와 같이 매우 구체적으로 규정하고 있다.

[표 4] 직장 내 성희롱 예방 교육 내용과 산업안전보건 교육 내용 비교[26]

분류	성희롱 예방 교육	산업안전보건 교육
목적	근로자가 안전한 근로 환경에서 일 할 수 있는 여건을 조성하기 위하여(남녀고용평등법 제13조①)	산업안전보건 교육의 시행(산업안전보건에 관한 기준을 확인하고 그 책임의 소재를 명확하게 하여 산업재해를 예방하고 쾌적한 작업 환경을 조성함으로써 근로자의 안전과 보건을 유지 증진함을 목적)에 관하여 필요한 사항을 규정하기 위함(산업안전보건교육규정 제1조)

---

25 산업안전보건법 제1조(목적). 이 법은 산업안전 · 보건에 관한 기준을 확립하고 그 책임의 소재를 명확하게 하여 산업재해를 예방하고 쾌적한 작업 환경을 조성함으로써 근로자의 안전과 보건을 유지 · 증진함을 목적으로 한다.

26 남녀고용평등과일가정양립지원에관한법률과 산업안전보건교육규정의 내용을 기초로 필자가 도표로 작성함.

| 교육
강사
기준 | 〈사업 내 교육강사 (사내 강사) 기준 없음〉

고용노동부령으로 정하는 강사(동법시행규칙 제6조③)
1. 고용노동부 장관이 직접 실시하는 강사 양성 교육 이수한 자
2. 고용노동부 장관이 교육 과정을 승인하거나 비용의 전부 또는 일부를 지원하는 강사 양성 교육 이수한 자 | 별표 1.
1. 사업 내 교육강사 기준
가. 근로자 안전·보건교육 위탁 전문기관 및 관리 책임자 등 교육기관 강사와 같은 등급 이상의 자격을 가진 사람
나. 7급 이상 공무원으로서 산업안전보건 분야 실무 경력 3년 이상인 사람
다. 사업장 내 관리 감독자 또는 안전(보건) 관리자 등 안전(보건) 관계자의 지위에 있는 사람 또는 교육 대상 작업에 3년 이상 근무한 경력이 있는 사람으로 사업주가 강사로서 적정하다고 인정하는 사람
2. 영 제26조의 10에 따른 안전·보건교육 위탁 전문기관 강사 기준(제3조 제4항 관련)
가. 산업안전지도사 및 산업위생지도사
나. 산업안전·보건관련 분야 기술사 또는 석사학위 이상 소지자
다. 「고등교육법」에 따른 전문대학 또는 4년제 대학의 산업안전·보건 분야 관련 학과의 전임강사 이상인 사람
라. 산업안전·보건관련 분야 기사 이상 소지자로서 해당 분야 실무 경력 3년 이상인 사람
마. 산업안전·보건 관련 분야 산업기사 이상 소지자로서 해당 분야 실무 경력 5년 이상인 사람
바. 5급 이상 공무원 또는 노동 분야 석사학위 이상 소지자로서 산업안전·보건 분야 실무 경력 3년 이상인 사람
사. 「고등교육법」에 따른 4년제 대학의 산업안전·보건 분야 관련 학과를 졸업(이와 동등 이상의 학력이 있는 사람을 포함한다)하고 해당 분야 실무 경력이 3년 이상인 사람
자. 그 밖에 지정 교육기관의 장이 강사로서 적정하다고 인정하는 사람
3. 직무교육 위탁 기관 강사 기준(제16조 제1항 관련)
가. 산업안전지도사 및 산업위생지도사
나. 산업안전·보건 관련 분야 박사학위 소지자
다. 「고등교육법」에 따른 전문대학 또는 4년제 대학의 산업안전·보건 분야 관련 학과의 조교수 이상인 사람
라. 산업안전·보건 관련 분야 기술사 또는 석사학위 소지자로서 해당 분야 실무 경력 5년 이상인 사람
마. 산업안전·보건 관련 분야 기사 이상 소지자로서 해당 분야 실무 경력 7년 이상인 사람
바. 5급 이상 공무원 또는 노동 분야 석사학위 이상 소지자로서 산업안전·보건 분야 실무 경력 3년 이상인 사람
사. 그 밖에 위탁 교육기관의 장이 강사로서 적정하다고 인정하는 사람 |

기타 내용	제13조의 2(성희롱 예방 교육의 위탁), 시행령 제3조(직장 내 성희롱 예방 교육), 시행 규칙 제6조(성희롱 예방 교육기관의 지정 등), 제8조(성희롱 예방 교육기관의 위탁교육 방법)	동법 제13조의 2(교육 방법및 수강생의 관리 등), 제13조의 3(교육 과정의 운영), 제13조의 4(수강신청 등) - 일용 근로자 관련, 제13조의 7(교육기관 평가 등), 제14조(교육 대상), 제15조(교육 내용), 제16조(교육 일정 수립·변경), 제17조(교육 방법등), 제19조의 2(직무교육 위탁 기관의 관리 등), 제19조의 3(직무교육 위탁 기관의 평가 등), 제19조의 4(교육계획 수립 및 제출), 제19조의 5(교육 과정 운영), 제19조의 6(관리 책임자 등 교육 홈페이지의 운영), 제19조의 7(교재 개발 및 심의), 제19조의 8(강사 직무능력 향상 교육), 제25조(전문화 교육 과정 개발 등), 제29조(통신교육 과정 개발 등), 제33조(통신교육의 평가), 제44조(교육 실시에 따른 사후 관리 등)

성희롱 예방 교육과 산업안전보건교육은 노동관계법상 규율하고 있는 법정 교육이며, 두 교육 모두 '근로자가 근로를 제공하고 수행하는 작업 환경을 건전하게 조성'하기 위한 동일한 목적을 가지고 있음에도 불구하고 규정 내용과 범위가 다른 이유는 무엇인지 노동부에 질의하였다.

노동부에 따르면 성희롱 예방 교육은 전 사업장에 적용되는 반면, 산업안전보건교육은 규모, 업종에 따라 달리 적용되기 때문에 성희롱 예방 교육과 동일하게 적용할 수 없다는 답변[27]을 하였다. 오히려 전 사업장에 적용되는 교육이 더 중요하며, 그 내용과

---

27 "직장 내 성희롱 예방 교육은 상시 근로자 1인 이상 전 사업장에 적용되고, 사업주는 전 근로자에게 성희롱 예방 교육을 실시하여야 하나, 산업안전보건 교육은 사업장 규모, 업종에 따라 적용 여부가 달라지고, 근로자가 수행하는 업무에 따라 교육 내용과 시간이 달라지는 등 각 법률의 제정 취지가 적용 범위 등에 있어 일괄적으로 비교하기 어려운 부분이 있습니다."(2013년 1월 26일, 고용노동부 여성고용정책과 질의 회신 내용 중)

기준이 명확해야 하는 것이 아닌지 의문이 든다. 한국산업인력공단(2011)에 따르면 산업안전 보건 교육은 산업재해를 예방하기 위한 것으로 근로자의 생명을 보호하기 위한 목적도 포함하고 있다. 즉, 산업안전보건교육은 근로자의 생명과 직결되기 때문에 규정이 구체적이고 교육 요건이 까다롭다고 합리화할 수 있을 것이다. 하지만, 국가인권위원회[28] 권고 결정 39건의 성희롱 피해 유형을 보면 퇴사 15건(38.4%), 정신과 치료 8건(20.55%), 자살 시도 2건(5.1%) 등으로, 성희롱은 근로자의 노동권뿐만 아니라 생존 여부를 결정할 정도로 근로자에게 큰 영향을 주고 있다. 따라서 직장내 성희롱 예방 교육 관련 규정도 산업안전보건 교육 규정처럼 내용이 구체적으로 규정되고, 처벌 규정도 강화되어야 할 필요가 있을 것이다.

---

[28] 국가인권위원회, 「성희롱 시정활동 평가 및 성희롱 규제의 실효성 제고를 위하여」, 2008, 표 11 '성희롱 피해 유형'.

4. 누구나 가능한 성희롱 예방 교육

성희롱 예방 교육 방법중 전문 강사에 의한 성희롱 예방 교육 효과가 가장 클 뿐만 아니라(김금란, 2004), 교육 내용이 강사의 성희롱에 대한 인식과 전달 방법에 따라 재구성된다는 점에서 강사는 성희롱 예방 교육의 효과를 결정하는 주요한 요인이라고 할 수 있다. 그러므로 성희롱 예방 교육 문제를 진단함에 있어 강사는 필수적인 요소라고 할 수 있다.

1) 누구나 성희롱 예방 교육 가능하다 – 법의 부재

남녀고용평등법에서는 성희롱 예방 교육 강사를 크게 두 유형으로 구별하고 있는데, 사내 강사와 외부 강사이다. 사내 강사의 경우 아무런 자격 요건 및 제한이 없기 때문에 누구나 성희롱 예방 교육을 할 수 있다. 외부 강사[29]는 고용노동부에서 지정한 위탁 기관에 소속되어야 하며, 고용노동부 장관이 직접 실시하는 강사 양성 교육 또는 고용노동부 장관이 교육 과정을 승인하거나 비용의 전부 또는 일부를 지원하는 강사 양성 교육을 이수한 사람이어야 한다. 이와 관련하여 고용노동부는 다음과 같은 입장을 취하고 있다.

> "자체 교육의 경우 직장 내 성희롱 예방 교육 방법, 강사 자격 등에 대한 구체적인 규정이 없으므로 고용노동부로부터 지정받은 강사에 의해 교육을 실시하지 않더라도 과태료가 부과되지 않습니다. 다만, 교육의 실효성을 위하여 가능한 부사장

---

29 제13조의 2(성희롱 예방 교육의 위탁) ① 사업주는 성희롱 예방 교육을 고용노동부 장관이 지정하는 기관(이하 "성희롱 예방 교육기관"이라 한다)에 위탁하여 실시할 수 있다. ② 성희롱 예방 교육기관은 고용노동부령으로 정하는 기관 중에서 지정하되, 고용노동부령으로 정하는 강사를 1명 이상 두어야 한다.
남녀고용평등법과일가정양립지원에관한법률시행규칙 제6조(성희롱 예방 교육기관의 지정 등) ③ 법 제13조의 2 제2항에서 "고용노동부령으로 정하는 강사"란 다음 각 호의 어느 하나에 해당하는 강사 양성 교육을 수료한 강사를 말한다.
1. 고용노동부 장관이 직접 실시하는 강사 양성 교육
2. 고용노동부 장관이 교육 과정을 승인하거나 비용의 전부 또는 일부를 지원하는 강사 양성 교육

급 이상이 교육을 실시하도록 행정 지도하고 있습니다."

고용노동부 인력수급정책국 고령사회인력심의관
여성고용정책과[30] 2013.5.7. 질의 회신[31]

사내 강사는 성희롱 관련 전문 지식이 없더라도 교육을 하는 데 문제가 없으며 노동법상 유효한 교육으로 인정하고 있다. 교육의

---

30 2013년 고용노동부 조직 개편으로 인하여 별도 정책 부서였던 '여성고용 정책과'가 현재 인력수급정책국 고령사회인력심의관 산하 부서로 축소되었다. 인력수급정책국 고령사회인력심의관 산하에는 인력수급정책과, 사회적기업과, 청년고용기회과, 고령사회인력정책과, 여성고용정책과, 장애인 고용과가 속해 있다. 이러한 조직 개편을 통해 '여성 노동 및 고용 차별' 문제에 대한 정부의 관심이 축소되었다고 해석할 수 있을 것이다. 2018년 현재 고용정책실 산하 청년여성고용정책관의 여성고용정책과와 노동정책실 산하 근로기준정책관의 고용 차별개선과에서 여성 노동 문제를 관할하고 있다.

31 내용 중 고용노동부 질의 회신(2AA-1304-258538). 필자가 질의하였을 때 담당 사무관이 변경되었는데, 처음 답변한 사무관의 경우 여성이었으며 질의 시 필자에게 전화하여 어떤 내용인지, 어떤 취지로 질문을 하였는지 등을 물어보며 연구 문제에 대하여 공감하는 등 20분 정도 통화하였고 답변 내용도 성실하게 해주려고 노력하였으나, 두 번째 질의하였을 땐 여성정책과가 하위기관으로 축소되고 담당 사무관도 남성으로 변경되었다. 두 번째 답변 시 필자에게 별도 전화는 오지 않고 필자가 활동하는 기관에 전화하여 'ㅇㅇㅇ(필자를 말함)가 중요하지 않는 문제에 대해 질의하여 노동부를 귀찮게 한다'는 식으로 이야기하였다. 정부기관에서도 담당자가 누구이며, 직장 내 성희롱에 관심이 있는지에 따라 문제를 해석하는 관점이 달라짐을 알 수 있었다.

실효성을 위하여 가능한 부사장급 이상이 교육을 수행하도록 하지만, 이는 다음과 같은 모순을 가진다. 성희롱은 위계적인 조직 구조와 권력관계에서 발생하는 문제라는 점에서 볼 때 가해자가 상급자일 경우가 많고 관련 기사에 따르면 성희롱 가해자가 성희롱 예방 교육을 하는 경우도 있었다.[32]

성희롱 예방 교육 위탁 기관으로 지정받기 위해서는 고용노동부가 인정하는 강사 양성 과정을 이수한 강사를 1명 이상 고용하여야 한다. 외부 강사는 노동부가 지정한 위탁 교육기관에 소속되어야 하고 위탁 교육기관은 반드시 강사 양성 과정을 이수한 강사를 두어야 하는 것은 상호 필수충분조건이 된다. 하지만 위탁 기관 지정 취소 사유에서 자격을 갖춘 강사를 6개월 이상 두지 않은 경우 '취소할 수 있다'고 임의 규정으로 규정[33]하고 있다. 강사 양성 과정을 이수한 자격을 보유한 강사가 위탁 기관의 가장 중요한 요인임에도 이를 규제하는 내용이 너무 허술한 상황이다.

---

32 안상미, 「가해자 부장이 성교육 강사로…솜방망이 징계 '2차 피해' 부른다」, 『헤럴드경제』, 2013.5.24. "다른 한 중소기업은 자체적으로 교육을 한다고 해서 교육 진행자가 누구인지 봤더니, 성희롱 가해자로 신고가 들어온 부서장이었던 경우도 있었다. …(중략)… 실제 강의가 이뤄진다고 해도 강사 자격을 갖추지 못한 경우가 많다"고 전했다.

33 위탁 교육기관 지정 후 교육기관의 명칭, 소재지, 대표자에 관한 사항이 변경되었을 경우 변경 신청서를 제출하도록 하고 있으나, 가장 중요한 '자격을 보유한 강사'의 변동 사항은 변경 신청 사항이 아니다.

고용노동부가 인정하는 강사 양성 과정은 2008년을 마지막으로 고용노동부에서 위탁받아 노동교육원[34]에서 운영하였으나, 현재 직업능력개발법상 4곳이 운영 중이다. 따라서 고용노동부에서 직업 운영하는 강사 양성 과정은 부재한 상황[35]이다. 하지만 실질적으로 외부 강사도 강사 양성 과정을 이수하지 않거나 위탁 기관에 소속되지 않아도 성희롱 예방 교육 강사로 활동하는 데 아무런 어려움이 없다. 현재 성희롱 예방 교육 강사로 활동 중인 자에게 어떻게 강의를 시작하게 되었는지 인터뷰를 해보았다.

"성희롱 예방 교육은 동료 노무사가 소개해서 하게 되었죠. 교육기관은 나에게 강의 경험이 있는지 물어보았고 인사 관리, 노동법, 노동조합 대상으로 강의 경험이 있다고 하고, 성

---

34 2015년 현재 정식 명칭은 고용노동행정연수원.
35 "우리 부는 고용노동부 장관이 직접 실시하는 강사 양성 교육 과정으로 한국고용노동교육원에 위탁하여 '직장 내 성희롱 강사 양성 과정'을 2001년부터 2008년까지 운영하였고 고용노동부 장관이 교육 과정을 승인하거나 비용의 전부 또는 일부를 지원하는 강사 양성 교육으로 2010년부터 (사)여성노동법률지원센터와 평생교육기관이 협력하여 강사 양성 과정에 대하여 사업주 직업 능력 개발 훈련 과정으로 승인받아 운영 중입니다. 또한, 12년에는 한국양성평등진흥원과 업무 협의를 통해 '직장 내 성희롱 예방 업무 담당자 교육 과정'을 개설하여 사업장 내 성희롱 예방 업무 담당자들의 업무 역량 강화 기회를 제공하고 있음을 알려드립니다."(2013년 5월 7일, 고용노동부 질의 회신 내용 중)

희롱 예방 교육도 해봤다고 했죠. 실제론 하지 않았지만……. 강사 양성 과정을 이수하였는지 물어보지도 않았어요, 오히려 노무사여서 (기업들이 선호하기 때문에 강사로) 좋다고 했어요. 성희롱 예방 교육은 '무엇이 성희롱이다. 이런 행동을 하면 처벌받는다'는 것을(법 규정만) 알려주는 것으로 충분하다고 생각해요."

ㄱ 강사[36] 인터뷰 내용 중

"처음 강의할 때는 자문사(강사가 노무 자문해주는 기업) 요청이었어요. 별도 성희롱 강사 양성 과정을 이수하지는 않았고, 대학교 때 성폭력 공부를 한 적 있어요. 발생 원인이 성희롱과 비슷하잖아요. 강의 의뢰 시 강사 양성 과정 이수 부분이나 (직장 내 성희롱 예방) 전문 강사 여부를 확인하는 곳은 없었어요."

ㄴ 강사[37] 인터뷰 내용 중

즉, 강사 양성 과정을 이수하지 않고, 위탁 기관에 소속되지 않

---

36 32세(인터뷰 당시), 남, 노무사. 아무런 교육을 이수하지 않고, 노동부에서 승인받지 않은 위탁 기관에 소속되어 있으며, 2012년 직장 내 성희롱 예방 교육 5회 함.

37 33세(인터뷰 당시), 여, 노무사, 교육을 이수하지 않고, 위탁 기관에 소속되어 있지 않으며, 2008년부터 현재까지 직장 내 성희롱 예방 교육 강사를 하고 있음.

아도 강사로 활동하는 데 어려움이 없고 성희롱 예방 교육 효과는 강사의 재량에 달려 있는 상태이다. 인터넷 대표 검색 사이트[38]에서 '성희롱 예방 교육'으로 검색하면 교육을 운영하는 기관이 나오는데, 그 기관 중 노동부에서 지정받은 위탁 기관은 단 한 곳도 없었다.

2013년 남녀고용평등법에 성희롱 관련 법규를 제정한 이래 처음으로 성희롱 예방 교육 위탁 기관 57개소를 점검하였으나, 점검 내용은 교육 자료를 구비하고 있는지, 노동부가 승인한 강사 양성 과정을 이수한 강사를 보유하고 있는지, 강의 실적 여부가 전부였으며, 교육 내용 및 교육 방법에 대한 점검은 이루어지지 않았다. 점검 결과 내려진 조치는 교육 실시 관련 증빙 자료 미보관 2개소 시정 지시와 법정 강사 미보유 1개소 지정 취소에 불과하였으며, 점검 후 위탁 교육기관과 관련하여 법 규정이 개정된 바는 없었다.[39] 필자가 소속된 노무법인도 성희롱 예방 교육 위탁 기관으

---

38 우리나라 대표 포털 사이트에서 '성희롱 예방 교육'으로 검색해본 결과 검색 첫 창에 나오는 기관 중 고용노동부가 지정한 기관은 단 한 군데도 없었다. http://search.naver.com/search.naver?sm=tab_hty.top&where=nexearch&ie=utf8&query=%EC%84%B1%ED%9D%AC%EB%A1%B1+%EC%98%88%EB%B0%A9%EA%B5%90%EC%9C%A1 (검색일 2015.9.30)

39 정보 공개 청구 관련 회신 자료 접수번호 2907156. 필자가 속한 노무법인도 성희롱 예방 교육 위탁 기관으로 지정되어, 2013년 12월 24일 점검을 받았으나, 담당 업무 감독관이 와서 20분 동안 서류 검토만 한 것이 전부였

로 점검 대상이었다. 점검 시 점검을 나온 고용노동부 근로감독관에게 현재 성희롱 예방에 대하여 연구 중이니 오늘 조사한 내용에 대한 내용을 피드백 받을 수 있겠는지 물어보았다.

> "별 기대는 하지 마세요. 근데, 직장 내 성희롱 예방 관련 연구는 왜 하시냐? 별 소용도 없을 것 같은데……. (필자가 '현재 고용노동부 장관이 직접 운영하는 교육기관은 없는데, 어디서 강사 양성을 하나요?'라고 묻자) 노동교육연수원에서 하고 있지 않나요? (2008년 이후 더 이상 안 하고 있는데요). 아 그래요?"
>
> 2013.12.24. 점검 과정에서 필자와
> 고용노동부 담당 근로감독관과 대화 내용 중

고용노동부에서 성희롱 예방 교육 위탁사업장 점검을 나온 담당자는 직장 내 성희롱 문제를 중요하지 않은 문제로 인식하고, 현재 고용노동부에서 지정한 강사 양성 과정이 어디서 운영되고 있는지에 대한 내용도 알지 못했다.[40]

다.

40 2015년 9월 1일에서 10월 8일까지 성희롱 예방 교육 위탁 교육기관 점검이 이루어졌는데, 팩스로 체크리스트를 보낸 후 관련 자료를 팩스로 회신하고 사업장으로 와서 서류를 점검하는 방법으로 완료되었다. 이후 강사 자격이 없거나 강의 실적이 없는 17곳에 대해 교육기관 지정을 취소하였

강사와 관련하여 실질적으로 아무런 제한이 없다 보니, 성희롱 예방 교육 강사가 성희롱을 하는 경우도 발생하고 있었는데 한 공 공기관의 외부 강사에 의한 성희롱 예방 교육 중 '정액은 무해하 다'거나 '신체 접촉에 대한 여성의 거부 반응을 내숭'이라고 말하

고 법정 교육 시간 미준수 및 법정 교육 내용이 누락된 경우 재교육을 하 도록 시정하였다. 2015년 9월 30일 필자가 소속된 노무법인도 점검 대상 이 되어 담당 감독관에게 전화했다. "(어떤 자료를 보내드리면 되나요?) 강 의 수료증과, 강의한 사업장 자료만 주시면 될 것 같아요. 보낼 자료가 많 지 않을 것 같은데, 팩스로 보내주세요." 그리고 자료 확인 후 필자의 사무 실을 방문하기로 하였다. 약정된 방문 일정에 방문이 어렵다고 하여, 다른 날로 변경하였는데, 필자가 '그날은 오후에 외근이 있으니 오전에 방문해 달라'고 요청하자, '그럼 사무실 다른 사람에게 자료 전달해주세요'라고 하 였고 '담당자가 없어도 괜찮나요? 제가 몇 가지 물어볼 것도 있는데요'라고 하자 '담당자 없어도 괜찮아요. 서류만 전달해주세요'라고 하였으며, 실제 방문하여 서류를 가져감으로써 점검은 완료되었다. 이후 성희롱 예방 교 육 위탁사업장 점검에 대한 보도자료(고용노동부, 2015.10.21)에 따르면 강사 미보유 및 강의 실적이 없는 사업장 17곳 지정 취소, 법정 교육 시간(1 시간 이상) 미준수 및 법정 교육 내용 누락 등 문제가 있는 곳은 무상으로 재교육하도록 시정 지시하였다고 한다. 하지만 위탁 기관에서 마음만 먹 으면 서류는 얼마든지 만들 수 있는 상황이다. 단순히 강사 양성 과정을 수 료한 강사가 강의를 하고 있는지에 대한 형식적인 점검만 이루어졌지, 강 의 내용이 어떠하고, 어떤 방법을 쓰는지, '강의의 질'에 대한 점검이 이루 어졌다고 보기 힘들다.
고용노동부 보도자료, 「고용노동부 지정 직장 내 성희롱 예방 교육기관 일 제 점검」, 2015.10.21.

는가 하면 남성 모형에 피임기구를 착용하는 시연까지 해 여성들에게 모욕감을 준 사건도 있었다.[41]

최근에는 성희롱 예방 교육이 법정 교육이라는 명목으로 금융 및 보험업에서 상품 홍보 수단으로 활용되고 있다. 예를 들면 사업장에 '법정 교육 무료 지원'이라는 이름으로 홍보 후 교육 시간 1시간 중 20분은 상품 영업하는 시간으로 진행되며, 교육비는 금융 및 보험업에서 지원하는 방식으로 운영되고 있다. 이와 관련하여 고용노동부에서도 2013년 12월 13일 '무료로 교육을 해주겠다는 업체의 다수가 금융 상품을 홍보하는 사업장인 점에 유의하라'는 공지[42]를 한 사실이 있으나, 이에 대한 제재 수단은 없는 상황이다. 고용노동부는 2014년 5월 7일 홈페이지 팝업 창을 통하여

---

41 손원혁, 「경찰 성희롱 예방 교육 도중 '성적 모욕' 논란」, KBS TV, 2013.6.18, 오후 10 : 38.
  국가인권위원회(2014), 국가인권위원회 진정 13진정1745800, 성희롱 예방 교육 시 강사에 의한 성희롱. 직장 내 성희롱 예방 교육을 수강하던 중 강사인 피진정인이 야한 복장이 성희롱을 유발한다는 발언, 노골적인 성관계 등에 대한 설명, 성희롱 가해 방법 및 가해 상황 회피 방법 설명, 성매매 관련 노골적 예시 등 관련 법령에 위배되는 강의를 하면서 성적 굴욕감을 유발하는 성희롱을 한 사건이다.
42 고용노동부 공지 글(2013.12.13). http://www.moel.go.kr/view. jsp?cate=2&sec=1&div_cd= &mode=view&bbs_cd=101&seq=1386917945053 &page=1&state=A

"주의! 직장 내 성희롱 예방 무료 교육 빙자 상품 판매"[43]라는 경고 문구로 건강 상품, 보험 상품과 연계된 교육은 고용노동부에서 지정한 업체가 아니라고 지적하였다. 하지만 직장 내 성희롱 예방 교육은 사업장에서 자체적으로 하는 것이 원칙이며, 누구나 할 수 있다고 명시하여 직장 내 성희롱 예방 교육 강사에 대한 아무런 제재가 없음을 나타내고 있다.[44] 노동부는 현재 전문성을 갖추지 못한 강사에 의한 무분별한 성희롱 예방 교육이 난립함에 대하여

---

43 고용노동부 홈페이지 2014.5.7. 팝업창.

44 2013년부터 성희롱 예방 교육이 금융 상품 홍보용으로 활용되고 있음에 대한 문제 제기가 수차례 되었음에도 현재까지 고용노동부는 이 문제와 관련하여 개선이 없다가 2015년 10월 21일자 보도자료에 따르면 이를 점검 대응할 방침이라고 밝히고 있다. 보도된 고용노동부 관계자 인터뷰(서지혜, 「성희롱 예방 교육에 보험 끼워 팔기… 중소사장님 두 번 울리는 '공짜 성교육'」, 『헤럴드경제』, 2015.9.18. http://news.heraldcorp.com/view.php?ud=20150918000131&md=20150918121051_BL)에 따르면 "성희롱 예방 교육은 경총이나 중소기업연합회 등 공인된 기관에서 무료로 받을 수 있고, 노무사 등에 맡겨도 가능하지만 정부는 사업주가 자체적으로 사내 규정 등을 설명하는 방식을 가장 추천한다"라고 응답하여 노동부는 현재 전문 지식을 갖추지 못한 강사에 의한 무분별한 성희롱 예방 교육이 난립하는 것을 문제점으로 인식하고 있으면서도 이에 대한 근본적인 대책 마련을 고민하고 있지 않음을 보여주고 있다. 그리고 금융 상품 홍보 목적으로 미지정 기관에서 하는 교육에 대하여 점검 및 대응할 방침이라고 하나, 현재 이를 제재할 근거 법률이 없고 노동부 행정 지침도 없는 상황에서 어떻게 실행되고 효과가 있을지 우려되지 않을 수 없다.

문제점으로 인식함에도 이에 대한 근본적인 대책 및 고민을 보이고 있지 않는다.

2) 기준 없는 성희롱 예방 교육 강사 양성 과정

성희롱 예방 교육이 효과적으로 이루어지기 위해서는 강사의 전문성이 절대적으로 요구된다. 강사가 성희롱 개념과 발생 원인을 명확하게 설명하여야 교육생의 인식 및 행동의 변화를 이끌 수 있기 때문이다. 따라서 강사의 전문성이 어떻게 확보되는지를 살펴보기 위하여 강사 양성 과정을 전반적으로 점검해볼 필요가 있다. 필자는 총 4곳의 강사 양성 과정에 참여하였는데 강사 양성 과정의 내용과 강사의 전문성을 중심으로 살펴보도록 하자.

(1) 편견과 통념을 유지 강화하는 교육 내용

성희롱 예방 교육은 남성 중심적인 노동시장과, 위계 구조 속 성별화된 조직 문화 등에 대하여 문제 제기하고 이를 개선함으로써 궁극적으로 평등한 고용 환경을 조성하는 것이다. 그러므로 전문 강사 양성 과정에서 가장 핵심으로 다루어야 하는 부분은 성희롱 발생 원인 분석과 대안을 찾는 것이라 할 수 있다. 조직 문화 속에 팽배하게 자리 잡고 있는 편견과 통념을 개선하는 일은 전략적이어야 하며, 세밀하게 이루어져야 한다. 조직 내 성별화된 구조, 관습, 절차, 문화 등이 어떻게 고용상 차별을 야기하고 근로 조건과 고용 환경을 저해하며 성희롱과 어떤 밀접한 관계가 있는 지에 대한 정교한 분석이 요구되는 작업이다. 기존의 편견과 통념에 분열을 제기하는 교육을 하기 위해서는 강사는 위와 같은 요소를 염두에 두고 조직 내 맥락과 상황을 분석하고 문제 제기할 수 있는 능력을 갖추어야 한다. 하지만 현재 강사 양성 과정에 대한 기준이 없어 어떤 과정에서 누가 강의하느냐에 따라 강의 내용은 천차만별이고 성희롱에 대한 편견과 관행이 강화되는 경우도 있었다.

강사 양성 교육 내용 중 가장 문제가 심각한 부분은 성희롱 발생 원인을 생물학적 요인으로 설명하면서 가부장적 이중 규범을 재생산하는 것이었다. 생물학적 요인에 따르면 남성은 테스토스테론이 왕성하게 되면서 여자보다 강한 공격성을 보이게 되고 심리학적으로 여자보다 성에 더 집중하게 된다는 것이다. 남자와 여자는 문제를 해결하는 관점이 서로 다르고 이러한 차이로 성희롱 문제가 발생하고 갈등이 심화된다는 견해이다. 이러한 관점은 남성이 성희롱을 하는 것을 생물학적으로 거스를 수 없는 당연한 것으로 정상화시킨다. 따라서 피해가 발생하는 것 또한 '당연'한 것으로, 더 나아가 성희롱이라고 '문제 제기'하는 행위 자체를 '유별'난 것으로 만들어 피해자가 문제 제기할 수 없는 구조를 더욱 견고하게 만드는 것이다.

생물학적 관점에서 제시하는 성희롱 예방 전략은 남자의 성역할을 강화하는 운동이다. 남자가 갖추어야 할 진정한 능력이란 약자를 배려하고 보호하는 것이다. 하지만 이러한 가부장적 이중 규범을 바탕으로 남자 성역할을 강조하는 관점은 직장 내 여성을 동료 근로자로 보기보다는 남자보다 능력 없는 약자로 간주하게 되며, 여성을 노동 환경에서 주변화시키고 배제하는 등 성차별을 재생산하고 고착화하는 요인이 된다.

우리나라 성문화는 이중 성 규범과 순결 이데올로기로 여성을 통제한다. 성희롱 피해자에게 '꽃뱀', '야한 여자'라는 담론을 만들어 성희롱을 문제 제기하기 어려운 구조를 형성하고 피해자를 오히려 가해자로 만든다. 교육 내용 중 가해자가 자살한 사건을 소개하면서, '피해자가 너무했다'라는 표현을 하기도 하였는데, 성희롱을 예방하고 적절한 구제 방안을 만들어놓지 않은 사용자와 가해자의 잘못을 지적하여야 함에도 오히려 피해자에게 귀책 사유가 있다고 설명하는 것은 피해자 책임 유발론에 기초하고 있는 것이다. 그리고 이러한 관점은 성희롱 예방 전략 내용에서 '피해자는 애교를 떨지 말아야 한다'고 설명하는 등 피해자 책임 유발론을 강화하고 있었다. 피해자 책임 유발론에는 남성이 가족 부양자이므로 남성의 노동권은 여성의 노동권보다 중요하다는 성별 분업이 전제되어 있다.

성별화된 노동 환경에서는 남성의 경험과 남성의 언어로 문화가 구성된다. 가부장적 이중 규범에서 성의 주체는 남성이고 남성에게 성은 쾌락과 유희의 대상이 된다. 이러한 성문화의 문제점은 일부 강사 양성 과정에서도 그대로 유지되고 있었다. 교육 중 성희롱 모습을 재연하기도 하였는데, 강사는 건들거리고 과장된 모습으로 피해자를 아래위로 훑으며 '어이, 오늘 섹시한데'라고 말하고 피해자는 움츠리고 연약한 목소리로 '왜 그러세요?'라고 표현하면서 웃음을 유발시켰다. 성희롱은 심각한 문제로 보기 어려웠고 오락 콩트처럼 묘사되면서 가볍고 우스꽝스런 모습으로 희화화되고 있었다.

위와 같은 성희롱 관련 편견과 관행을 해체하고 분열하기 위해서는 성희롱이 발생하는 상황과 맥락을 분석하여야 한다. 하지만, 강사 양성 과정은 성희롱 개념을 법률 정의로만 설명하고 성희롱 사례를 유형별로 도식화하였다. 성희롱이 왜 고용상 차별이고 노동권 침해이며, 왜 성희롱을 직장 내에서 규정하고 있는지에 대한 설명은 이루어지지 않았다. 성희롱 판단 기준인 '합리적인 여성'에 대한 구체적인 설명은 하지 않고 단순히 행정기관에서 판단하는 관점이니 비판 없이 수용하도록 하고 있다. 그리고 '피해자 관점'의 필요성에 대한 설명 없이 단순히 피해자에 따라 성희롱 성립이 좌우되는 것처럼 설명하기도 하였다.

육체적, 언어적, 신체적 성희롱 유형을 나열하고 '여자에게 차를 따르라고 하는 것은 성희롱일까요?', '회사 앞에서 여직원에게 차

태워줄게라고 한 후 신체적 접촉한 경우 성희롱일까요?', '2차 회식 자리는 갈 사람만 간 경우에는 성희롱이 되지 않아요' 등으로 '행위'와 단편적인 장면으로 성희롱을 설명하였다. 교육 내용 중 성적 농담도 상대방에 따라 해야 한다며 한 강사는 '나에게 섹시하다고 하면 성희롱이 아니고 감사하죠'라고 말하며 웃음을 유발하기도 하였다. 성적 농담도 상대방에 따라 해야 한다는 것은 관계 속에서 해석되어야 하고 수평적이고 동등하여 거침 없이 문제 제기 가능한 관계에서는 수용될 수 있을 것이다. 성희롱이 발생하는 다양한 맥락과 상황을 설명하지 않음으로써 성희롱을 모호하게 만들고 성희롱에 대한 편견과 통념을 보지 못하였다. 그리고 성희롱의 성립을 중심으로 설명하다 보니, 피해자가 문제 제기하는 과정에서 발생하는 2차 문제에 대한 설명이 거의 이루어지지 못하였다.

성희롱이 발생하는 맥락과 상황을 고려하지 않는 관점은 성희롱 예방 전략에서 개인에게 책임을 묻게 된다. 많은 강사 양성 과정에서 성희롱 예방 전략을 설명할 때 성희롱 피해자가 되지 않으려면 '적극적으로 의사 표시를 하여라'고 방안을 제시한다. 성희롱은 개인이 조심하고 주의하면 해결될 수 있는 문제가 아니라, 피해자가 어려움 없이 의사 표시를 할 수 있는 '고용 환경을 조성해야 하는 문제'이며 그러기 위해서는 맥락과 상황에 대한 분석이 필요하다.

(2) 성희롱 발생 원인을 알 수 없는 교육 내용

일부 과정은 성희롱 발생 원인 설명 부분에 많은 시간을 할애하며 중요하게 다루기도 하였다. 성희롱이 발생하는 원인과 성희롱 사건을 볼 때 맥락과 상황을 분석할 것을 강조하였다.

직장 내 성희롱은 성별화된 노동 환경과 조직 내 권력·위계 관계에서 발생한다. 섹스, 젠더, 섹슈얼리티 개념을 바탕으로 사회 구조적인 관점에서 성희롱을 설명[45]하였다. 지금까지 노동자는 남성을 중심으로 구성되고 남성이 가족 부양자로 인식되어 정책과 제도가 남성 노동자를 위하여 구성되었다. 여성은 위계적이고 성별화된 노동 환경에서 남성과 동등한 노동자로 인식되지 않음에 따라 각종 차별의 대상이 되어 배제되고 있다. 이러한 관점은 성희롱 또한 차별의 한 유형으로서 여성이 동등한 노동자의 정체성을 형성하고 주체로 살아가기 위해서는 개선되어야 할 요소임을

---

45 섹스는 생물학적으로 구별하는 것이며, 젠더는 사회적인 요소로 구별하는 것이고 섹슈얼리티는 성적인 것과 연관되는 감정, 생각, 행동을 말한다고 설명한다. 젠더는 사회적으로 요구되는 성으로 시대, 사회에 따라 변화한다. 섹스는 불평등한 것이 아닌데, 이를 해석하고 가치를 부여하면서 불평등이 생기게 되는 것이다. 성에 따라 가치를 부여하고 다르게 보는 시각은 사회적으로 구성되는 것이며, 사회적으로 구성된 일반적이고 보편적인 여성은 여성을 차별하는 기제로 작동하고 이를 더욱 견고하게 만드는 것이라 설명한다.

설명할 수 있다. 따라서 성희롱 문제, 차별 문제를 개선하기 위해서는 지금까지 당연하게 여겼던 것에 대한 문제 제기가 필요하며, 강사는 이러한 시각, 즉 성인지적 관점을 갖추는 것이 요구되는 것이다.

그리고 직장 내 권력 및 위계 관계 또한, 성희롱이 발생하는 주요 원인이다. 성희롱은 상급자와 하급자 사이에서 발생하고 조직 내 관계와 위치를 기초로 한다. 따라서 성희롱은 남성 상급자와 여성 하급자 관계뿐만 아니라, 여성 상급자와 남성 하급자, 남성 상급자와 남성 하급자 관계에서도 발생함을 설명한다. 이러한 관점은 노동 유연화 정책에 따른 다양한 고용 형태[46]에서 상대적으로 취약한 위치에 놓여 있는 여성의 문제와 여성이 성희롱 위험에 더 노출되어 있음을 나타낼 수 있다.

성희롱 사건의 맥락과 상황을 분석하는 것은 성희롱이 발생하는 다양한 요인을 분석하고 대안을 제시할 수 있다는 점에서 매우 중요하다. 사례의 중요성을 강조하면서, 성희롱 개념을 국가인권위원회 사례를 통하여 설명하기도 하였다. 사례에서 가해자와 피해자의 관계, 가해자의 성적인 언동과 지속적으로 이루어진 기간,

---

46 최근 고용 형태가 다양해지면서 권력관계 또한 기간제 근로자, 단시간 근로자, 인턴, 수습, 특수 형태 고용 종사자, 간접고용 등의 관계로 다양해지고 있다.

복합적으로 이루어지는 성희롱 유형 등 피해자가 거부 의사를 당장 표현하기 어려운 이유 등을 분석하고 피해자가 문제 제기 하기 어려운 요인에 대한 정확한 이해를 할 수 있게 하였다. 그리고 피해자의 피해를 상세히 설명하였는데, 성희롱을 당한 피해자는 직장 생활이 어렵고 자살하는 경우도 발생하는 등 성희롱이 매우 심각한 문제임을 설명[47]하였다. 이러한 설명은 성희롱이 특정 개인의 문제가 아니라 조직 내 지속적으로 발생하는 고용 환경의 문제이며 심각한 피해를 주는 문제라는 것을 인식할 수 있고, 강사가 성희롱 사건을 어떻게 분석하고 문제 제기하여야 하는지에 대한 관점을 양성시킬 수 있는 좋은 방법이 될 것이다.

성희롱 발생 원인에 무게를 두고 성희롱이 발생하는 맥락과 상황을 분석할 것을 중요하게 보는 입장에서는 조직 내 문화가 개선되어야 할 것을 강조하였다. 조직 문화는 구성원에게 소속감과 조직의 정체성에 기반하여 구성원으로 하여금 무엇이 바람직한 행동인지를 알게 하고 구성원의 행동과 태도를 결정하는 것으로, 학습되고 재생산되고 변화한다. 따라서 조직 문화에 대한 성찰이 필요하며 조직 문화를 진단할 수 있는 방법이 필요하다. 기업의 조직

---

47 성희롱 피해자는 성적인 대상으로 보여짐으로 인해 본인의 존재 의미를 부정하게 됨에 따라 절망하고 좌절하게 되며, 대인관계를 기피하고 우울증에 걸리게 되며, 직업관이 왜곡되어 정상적인 직장 생활을 하기 어렵게 된다고 설명한다.

문화가 위계적인지, 남성 중심적인지, 성역할을 강조하는지, 자유롭게 음담패설을 할 수 있는지, 회식 자리에서 술을 강요하는지 등을 점검하고 성희롱 발생 가능성이 높은지를 체크하는 등 조직문화를 진단할 수 있는 툴을 설명하기도 하였다.

강사 양성 과정에서는 직장 내 성희롱이 발생하였을 때 피해자가 어떻게 대처할 수 있는지 정확하고 구체적인 절차를 알려주어야 한다. 현재 구제 방안으로는 사내 구제 절차 활용, 고용노동부 진정 및 고소, 국가인권위원회 진정, 산업재해 신청, 민형사상 구제 방법이 있다.

한 강사 양성 과정에서는 단체의 경험을 토대로 매우 실용적이고 구체적인 방안을 설명해주었다. 성희롱이 발생하였을 때 최상의 구제 방법은 피해자가 노동권을 상실하지 않고 직장을 계속 다니는 것이다. 그러기 위해서는 가해자 대상에 따라 3단계 해결 방안을 제시하여[48] 피해자가 실질적으로 활용 가능한 방법을 제공

---

[48] 1단계는 동료 간 발생한 일회적인 농담의 경우다. 상대방을 변화할 수 있는 존재로 전제하고 당신과 나의 건강한 직장 생활을 위하여 편지, 메일 메신저로 명확한 의사 전달을 하여야 한다. 2단계는 여러 명에게 상습적으로 성희롱을 하는 가해자의 경우이다. 피해자들이 단결하여 공식적으로 문제 제기 하는 방법을 제시한다. 3단계는 경영진 및 사업주가 성희롱을 한 경우로서, 이에 대해서는 굉장히 철저히 준비하여야 하며, 근거를 확실히 만들어 언론 플레이를 하고, 외부 세계를 활용하여 효과적으로 대응하여야 한다고 제시한다.

하였다. 그리고 다른 과정에서는 법적으로 문제 제기하는 절차 및 방법을 매우 구체적으로 설명하였다. 사내 구제 절차로 담당자는 상담과 조사를 즉각적으로 신속하게 대응하고 정확한 진술을 받아야 한다. 그리고 당사자 의사를 파악하고 합의가 가능한 경우 조정을 하도록 하고 조정이 성립되지 않은 경우 사건 경중에 따라 가해자를 반드시 징계하여야 한다. 사내 구제 절차로 문제가 해결되지 않을 경우 법률적으로 문제 제기하여야 하며, 고용노동부, 국가인권위원회 특성에 따라 문제 제기하는 방법을 알려주었다.[49] 그리고 성희롱으로 민사소송을 제기할 경우 사용자와 가해자 모두를 당사자로 지정할 수 있으며, 사용자가 가해자가 아니라고 하더라도 민법 제756조[50]에 따라 책임을 지게 된다는 정확한 사실을 설명하였다.

---

49 성희롱 관련 증거가 분명하고 사용자 처벌을 원할 경우에는 고용노동부로 문제 제기하는 것이 좋으며, 관련 증거가 부족한 경우에는 국가인권위원회에 문제 제기하는 것이 바람직하다는 유용한 방법도 알려주었다.

50 민법 제756조(사용자의 배상 책임) ① 타인을 사용하여 어느 사무에 종사하게 한 자는 피용자가 그 사무 집행에 관하여 제3자에게 가한 손해를 배상할 책임이 있다. 그러나 사용자가 피용자의 선임 및 그 사무 감독에 상당한 주의를 한 때 또는 상당한 주의를 하여도 손해가 있을 경우에는 그러하지 아니하다. ② 사용자에 갈음하여 그 사무를 감독하는 자도 전항의 책임이 있다.

(3) 양성 과정의 성인지적 전문성 결여

현재 강사 양성 과정의 강사 요건과 운영 기준에 대하여 정해진
바가 없기 때문에 강사 양성 과정은 누가 어떤 목적으로 운영하느
냐에 따라 강사의 전문성과 교육 내용이 천차만별이다. 강사 양성
과정이 전문성을 갖추기 위해서 성별화된 섹슈얼리티에 균열을
낼 수 있도록 성희롱 문제를 정확히 인식하고 전문 지식을 갖춘
자를 강사로 섭외하여야 한다. 양성 과정은 강사 양성을 위한 강
사를 선정함에 있어 관련 지식뿐만 아니라 성희롱에 대한 인식을
고려하여야 한다. 하지만 이러한 검토 없이 강사를 섭외하였을 때
강사가 성희롱 편견을 유지 강화하는 경우도 있었다. 성희롱 관할
행정기관 담당자도 교육을 하였는데, '성희롱을 문제 제기하는 피
해자는 금품적인 의도를 가지고 있다'고 발언하여 수강생들로부
터 문제 제기를 받기도 하였다.

양성 과정의 강사진이 전문성을 갖춘 강사로 이루어진 곳도 있
는 반면, 일부 과정은 CS[51] 강사가 과정을 진행하는 경우도 있었
다.[52] CS 강사는 정확한 법률 용어, 구제 절차, 내용을 모르고 있

---

51 고객 서비스(customer service). CS 강사라고 하면 일반적으로 예절 교육, 친
   절 교육을 하는 사람이다.
52 법률 전문가는 각 기관별 법령 내용과 성희롱 발생 시 구제 절차에 대해서
   는 상세하고 정확한 설명을 하였으며, 젠더/여성학 저자는 성희롱이 개인
   의 문제가 아닌 권력의 문제이며, 구조적인 문제임을 설명하였고, 시민단

었는데, 행정처분과 형사상 책임을 구별하지 못하고 '3,000만 원 이하 과태료를 맞아 형사처벌을 받았다'[53]고 설명하기도 하였다. 뿐만 아니라 성희롱이 발생하였을 때 가장 큰 피해는 기업이라고 설명하면서, 대처 방안으로 피해자와 가해자를 모두 해고하여야 한다고 설명하는 등 보호받아야 할 피해자를 가해자로 만들기도 하였다.

성희롱 예방 교육이 효과적으로 이루어지기 위해서 강사 양성 교육 내용은 '예방'에 초점을 두고 성희롱 개념, 발생 원인, 예방 전략 중심으로 구성되어야 할 것이다. 그러나 대부분의 과정이 그렇지 않았다.

강사 양성 과정은 대부분 이틀간 16시간으로 이루어졌는데, 장시간으로 할 경우 수강생 모집이 어렵다는 이유였다. 강사 양성 과정은 양성 기관의 수익성과 밀접하게 연계되어 있으므로 정부 지원이 없는 기관의 경우 교육생 모집을 위하여 '법정 의무 교육, 강사 자격 획득' 또는 '수입이 높은 강사 양성' 위주로 홍보하고 성희롱 예방 교육의 중요성 및 의미[54]는 공유되지 않고 있었다. 이와

체의 장의 경우에는 구체적인 성희롱 사례와 대안을 잘 설명할 수 있었다.
53 과태료는 행정처분이고 벌금은 형사처벌로서, 구별되는 개념이다.
54 남녀고용평등법 제13조에서는 '안전한 근로 환경에서 일할 수 있는 여건을 조성하기 위하여' 성희롱 예방 교육을 실시하여야 한다고 규정하고 있다. 각 양성기관은 교육 목적을 기관에 따라 다르게 보고 있었다. 한 기관은 성

같이 성희롱 예방 교육 전문 강사 양성 기관의 성인지적 전문성이 확보되지 않은 상황에서 전문성 있는 성희롱 예방 교육 강사가 배출될 것을 기대하기란 어려운 실정이다.

(4) 아무런 기준이 없는 강사 양성 과정

필자가 참여 관찰한 양성 과정에 따라 강사, 교육 내용, 방법 모두 각각 달랐다. 즉, 강사가 누구냐, 강사 양성 과정을 운영하는 기관이 어디냐에 따라 성희롱 예방 교육 내용이 달라지고 있었다. 강사의 역량에 따라 강의 내용이 다를 수 있지만, 성희롱 예방 교육으로서 반드시 전달해야 하는 내용은 정확하고 명확하게 전달되어야 한다. 성희롱은 성별화된 노동 환경과 직장 내 위계·권력관계로 발생하는 고용상 차별이며, 근로자의 노동권과 건강권을 침해하는 문제이다. 따라서 성희롱을 예방하기 위해서는 고용환경을 분석하고 이를 개선하는 전략이 필요하다. 그리고 사용자는 근로자에게 안전하고 쾌적한 작업 환경을 제공하여야 하므로 성희롱을 예방해고 해결해야 하는 주 책임자가 된다. 양성 과정의 교육 내용을 살펴본 결과, 성희롱을 생물학적 관점으로 설명하거

희롱 예방 교육이 법정 교육이기 때문에 의무적으로 이루어져야 한다고만 설명하고 다른 기관에서는 성희롱 예방 교육은 직장 내 문화를 변화시키는 매우 중요한 교육임을 강조하였다.

나 피해자 책임 유발론을 정당화하는 등 성희롱에 대한 편견과 관행을 유지 강화하는 경우도 있었다. 강사 양성 과정에 대한 법적 제한이 없다 보니, 전문성을 갖추지 못한 기관에서 강사 양성 과정을 운영하고 잘못된 내용으로 강사를 양성하는 경우도 발생하고 있을 뿐만 아니라 짧은 기간의 교육으로 성희롱 예방 교육 강사가 양성되기에는 한계가 있다. 따라서 전문성을 담보할 수 있는 강사 양성 과정과 체계화된 교육 매뉴얼이 필요하다. 뿐만 아니라, 성희롱 예방 교육이 계속 효과적으로 이루어지기 위해서는 강사 재교육 및 업그레이드된 자료 제공이 필요할 것이다.

3) 행정 구체성의 부재

법제도가 효과적으로 운영되기 위해서는 행정의 구체성이 담보되어야 한다. 행정기관은 법제도가 효과적으로 실행될 수 있도록 구체적인 정책을 운영할 의무를 가진다. 성희롱 관련 연구, 실태 조사 및 활용 가능한 강의안 및 매뉴얼을 제공하여야 하며, 자료는 누구나 쉽게 접근할 수 있어야 한다. 공공기관의 2012년 성희롱 예방 교육 방법[55]을 보면 자료 배부 59.4%, 비디오 시청 등 시

---

55 여성가족부, 「공공기관 성희롱 실태 조사 보도자료」, 2012. 성희롱 예방 교육 방식은 자료 배포 59.4%, 비디오 시청 및 시청각 교육 59.4%, 외부 전문

청각 교육 45.8%, 외부 전문가 강의 43.6%, 내부 강의 40.6%로 자료 배부 및 시청각 교육 등 내부 강의가 다수를 차지하고 있다. 내부 강의는 정부기관이 제공하는 자료를 활용할 가능성이 높으므로 정부가 제공하는 강의안은 매우 중요한 기능을 한다. 따라서 정부가 제공하는 자료가 성희롱을 예방하고 해결하는 데 효과적인지 그 내용을 분석할 필요가 있다. 또한, 아무리 좋은 자료라고 하더라도 누구나 자료를 활용할 수 있도록 근접성이 높아야 한다. 필자는 고용노동부, 여성가족부, 국가인권위원회에서 제공하는 자료를 분석하였다.[56]

가 초빙 강의 43.6%, 내무 전문가 강의 40.6%, 인터넷 교육 19.2%, 직원연수 0.3%, 토론 및 토의 0.1%, 기타 0.2%(복수 응답).

56 정부기관에서 제공하는 자료 중에는 여성가족부 자료가 가장 많았는데, 여성가족부의 경우 2009년부터 강의안을 발전시켜 개발하고 있는 것으로 보여, 2009년부터 제공한 자료를 분석 대상으로 삼았다. 고용노동부의 경우 제공하고 있는 강의안이 매우 적어 여성가족부 자료와 분석 자료량을 맞추기 위하여 2006년 자료부터 분석 대상으로 삼았다. 국가인권위원회의 성희롱 예방 교육 자료는 매우 적어 제공하는 자료를 모두 분석 대상으로 삼았다.

5. 정부 제공 성희롱 관련 자료의 문제점
: 모호성, 추상성, 불명확성

1) 성희롱 개념의 모호성

행정기관에서 제공하는 예방 교육 자료[57]를 살펴보면 남녀고용
평등법상 성희롱 관련 법 규정을 나열하고 있다. 법 규정에 정의
되어 있는 성희롱 개념이 모호함에 따라 성희롱 관련 자료에 나와
있는 성희롱 개념 또한 모호하다. 구체적이지 않고 추상적인 피해
내용을 나열하는 것은 교육을 듣는 자에게 자신의 문제로 받아들
이기 어렵게 만들며, 성희롱을 모호하고 중요하지 않은 문제로 인

---

57 고용노동부, 「밝고 건강한 직장 만들기」, 2006; 여성가족부, 「서로 존중하
는 일터를 위하여─공공기관의 성희롱 예방과 대처 요령」, 2009; 국가인권
위원회, 「성희롱 예방 안내서」, 2011; 국가인권위원회, 「성희롱 모르고 당
하시나요? 알고도 참으셨나요?」, 2011.

식하게 만든다.

　여성가족부 2009년 자료는 "성은 성스러운 것이므로 정성을 다하여 대해야 한다"라는 문구로 시작하고 있는데, 이는 성희롱을 윤리 규범 도덕의 문제로 느끼게 만든다. 이는 왜 성희롱이 고용상 차별이며 노동권의 침해로 직장 내의 문제에 해당하는지, 따라서 왜 사업주가 처벌 대상인지 설명하지 못하고 있다. 또한, "여성에게 차나 커피 심부름, 복사, 청소를 시키거나 반말을 하는 행위도 성희롱이 될 수 있는가?"라는 질문의 답으로 "직장 예의에 벗어나는 여성 비하적인 행동으로 볼 수는 있으나, 성적인 의미를 가지는 언동이 아니므로 직장 내 성희롱이 성립되지 않는다(성차별에 해당될 수 있음)"라는 방식으로 성희롱의 개념을 설명하고 있다. 이러한 설명 방식은 여성에게 차나 커피 심부름을 시키는 것도 성별 분업으로 인한 젠더 행위라고 할 수 있지만, 우리 사회에서 차와 술의 접대가 성적 함의를 내포한다는 점에서는(민주노총, 2011) 성희롱으로 구성될 가능성을 차단하고 있다. 설령 이 경우가 성희롱이 아닌 성차별에 해당된다고 하더라도, 고용상 차별로 노동권 침해가 될 수 있음을 설명하지 않음으로써 마치 성희롱은 금지되고 성차별은 허용된다는 식으로 잘못된 인식을 가지게 할 위험이 있다.

　예방 교육 자료에서는 직장 내 성희롱 유형을 '육체적 성희롱', '언어적 성희롱', '시각적 성희롱', '기타'로 나누고 각각의 경우에서 성희롱으로 인정되는 언어나 행동이 제시되고[58] 있다. 성희롱은 적대적인 고용 환경을 만든다. 성희롱이 발생하는 전체적인 맥락과 상황을 보아야 성희롱이 발생하는 원인 및 해결 방안을 찾아낼 수 있다. 하지만 행정기관에서 제공하는 교육 자료는 성희롱을 '뒤에서 껴안기=성희롱'의 도식으로 설명함으로써 성희롱이 발생하는 다양한 환경을 보지 못하게 만들며 성희롱을 '가해자-피해자' 개인의 문제로 환원하여 조직의 문제, 자신의 문제로 인식하기 어렵게 만든다. 2014년 여성가족부는 기존 교육 자료에서 교육생을 피해자와 가해자로 간주하는 관점에 문제를 제기하며 제3자 관점의 교육 자료를 만들었으나, 제3자가 피해자를 도와주는 이유를 "한 손은 너 자신을 돕는 것이고 다른 한 손은 다른 사람을 돕기 위한 것이다"라는 오드리 헵번의 명언을 빌려 설명하고 성희롱을 조직 구성원 '모두'의 문제가 아닌 피해자를 도와주는 선의의 행동으로 설명하여 또다시 성희롱을 타인(개인)의 문제로 만들고 있다.

---

58 육체적 성희롱은 입맞춤이나 포옹, 뒤에서 껴안기 등 신체적 접촉 행위로, 언어적 성희롱은 음란한 농담이나 음탕하고 상스러운 이야기를 하는 행위로, 시각적 성희롱은 음란한 사진·그림·낙서·출판물 등을 게시하거나 보여주는 행위로, 기타 성희롱은 사회 통념상 성적 굴욕감·혐오감을 유발하는 것으로 나열했다.

2) 추상적인 성희롱 발생 원인

행정기관 자료[59]는 경직된 조직 문화, 위아래를 따지는 상황이 성희롱 사태를 악화시킨다고 주장한다. 성희롱은 잘못된 성 통념, 사회문화적 규범, 조직 내 집단 문화, 권력관계, 습관의 문제점 등의 원인으로 인해 발생한다고 단순히 나열하고 있다. 성희롱 발생 원인을 명시하고 있지만, 마치 목록을 제시하듯 열거하고 있을 뿐이며, 어떤 맥락과 상황이 여성을 차별하는 관행을 구조화하고 강화하는지 등 성희롱 발생 원인에 대한 구체적인 설명은 자료를 활용하는 기업과 강사의 몫으로 돌리고 있다. 조직 문화에서 작동되는 성별화된 섹슈얼리티, 권력관계 등에 대한 설명 자료 없이 단순히 선언적인 내용만 추상적으로 제공하고 있을 뿐이다.

3) 맥락과 상황을 고려하지 않는 성희롱

고용노동부에서 제공하는 예방 교육 자료[60]를 보면 성희롱이 성

---

59 고용노동부, 「직장 내 성희롱! 마음 푹 행복 쏙」, 2011, '직장 내 성희롱! 마음 푹! 행복 쏙!'이라는 제목만 봐서는 성희롱에 관련하여 어떤 내용을 담고 있을지 예측하기 어려우며, 이러한 느낌은 성희롱을 중요하지 않은 문제로 인식할 가능성을 높게 만든다.
60 고용노동부, 「밝고 건강한 직장 만들기」, 2006; 여성가족부, 「성희롱 없는 밝

립한 사례와 불성립한 사례를 설명 없이 나열하고 있다. 가령 "회식 자리에서 국장이 임산부에게 술을 권하고 노래를 부르면서 겨드랑이 밑부분을 끌어내는 행위를 한 사건에서 임산부에게 술을 권한 것은 직장 내 성희롱이 성립되지 않는다고 본 경우"라고 설명한다. 이 사례에서 임산부에게 술을 권한 것이 왜 성희롱이 아닌지, 그렇다면 겨드랑이 밑부분을 끌어내린 것도 성희롱이 아닌지를 설명하지 못함으로 성희롱의 개념을 더욱 모호하게 만들 뿐만 아니라, 맥락과 상황에 관계없이 "임산부에게 술을 권하는 것과 술자리에서 일부 신체 접촉은 성희롱이 아니구나"라고 인식할 위험이 있다.

각 유형별 성희롱이 부정된 사례를 [표 5]에서 살펴보면, 그 맥락과 상황을 설명하지 않고 특정 행위만을 제시하여 성희롱이 성립되지 않는다고 하여, 성희롱의 판단 기준이 무엇인지 모호하게 만들고 있다.

은 직장 만들기」, 2012; 여성가족부, 「공공기관 성희롱 사건 처리 매뉴얼」, 2012; 국가인권위원회, 「성희롱 예방 안내서」, 2011; 국가인권위원회, 「성희롱 모르고 당하시나요? 알고도 참으셨나요?」, 2011.

[표 5] 성희롱 유형별 사례[61]

유형	성희롱 성립 사례	성희롱 불성립 사례
육체적 행위	• "샴푸로 감았어? 비누로 감았어?" 라고 물으면서 머리카락을 만진 것 (04성희롱17) • 침대에 억지로 누인 것(04성희롱 40) • 갑자기 다가와 팔짱을 낀 것(06진 차534) 등	• 격려하기 위하여 어깨를 두드리는 것(01 성희롱55) • 컴퓨터 작업 중 허벅지를 스치거나 때리려고 제스처를 취한 것(01성희롱 113, 116) • 의사가 진료 중 음핵과 질을 접촉하거나 돌출된 부위가 있는 질을 직접 만져보라고 한 것(02성희롱 27) 등
언어적 행위	• "너 때문에 부인과 싸웠다." "부인과 이혼하면 네가 책임져라." (06진 차503) • 노래방에서 "접대 똑바로 해"라고 하면서 접대를 강요한 것(03성희롱 35) • 여러 사람 보는 앞에서 "가슴이 보인다, 닫고 다녀라"라고 말한 것(06 진차401)	• "솔직히 너와 내가 옷 벗고 얘기할 수 있잖아."(03성희롱24) • 회식 자리에서 "너는 내가 취직시켰으니 내 거야"라고 한 것(02성희롱36) • "하루 종일 몸 팔아서 얼마나 번다고 스키장 가느냐?"라고 하거나 민원인에게 "나 가진 것 없다. 불알 두 쪽밖에 없다. 너 어쩔래?" 소리친 것(02성희롱36) • "피해자와 술 마시면 성을 간다"라고 하거나 '남자친구를 몸과 마음을 다 던져서 잡으라' 며 "피해자의 수준에 감지덕지 아니냐?"라고 한 것(02성희롱46) • **"뽀뽀를 해주면 여드름이 없어진다"** 라고 한 것(04 성희롱26) 등
시각적 행위	• 남성 성기가 드러난 사진을 컴퓨터로 보여주는 것(02성희롱81) • 스카프를 사전 의사 교환 없이 젖히고 가슴을 들여다보라고 한 것(01 성희롱14) • 임신했는지 보기 위해 겉옷 벗고 일어나서 한 바퀴 돌아보라고 한 것(04성희롱22) • **입을 모아 내밀면서 뽀뽀하자는 제스처를 한 것**(03성희롱18) 등	• 회식석상에서 성희롱 문제를 거론하면서 옆의 남자 동료의 가슴을 만지면서 "이런 식으로 했겠지?" 흉내를 낸 것(01성희롱 55)

---

61 여성가족부, 「성희롱 없는 밝은 직장 만들기(공공기관 성희롱 예방 교육)」 2012에서 제시한 성희롱 유형별 사례를 기초로 필자가 도표로 작성.

제4장 우리나라 성희롱 예방 체계의 실태

| 기타
행위 | • 원하지 않는 데이트를 강압적으로
요구하는 것(03성희롱54)
• 여관이나 모텔로 데려가려고 하는
것(03성희롱29)
• 트랜스젠더 여성이 스트립쇼를 하
는 퇴폐 술집에서 회식을 하고 쇼를
본 느낌을 물은 것(06진차201) | • 교수가 야간대학원생들에게 밤늦게 집으
로 가기 곤란한 사람은 자기 집에서 자자
고 가끔 이야기한 것(04성희롱56) |

* 사건 번호 중 '진차'는 차별 진정 사건을 의미하며, '성희롱'은 성희롱 진정 사건을 의미함.

특히 뽀뽀를 해달라고 한 사건은 시각적 행위에서는 성희롱이 인정되고 언어적 행위에서는 성희롱이 성립 안 되었는데, 어떠한 맥락에서 성희롱이 부정되는지에 대한 설명이 없다. 성희롱으로 성립되지 않은 사례와 성희롱이 성립된 사례가 크게 구별되지 않음에도 이에 대한 구체적이고 명확한 설명을 하지 않음으로써 성희롱을 '귀에 걸면 귀걸이, 목에 걸면 목걸이'처럼 모호하고 중요하지 않은 문제로 만들며, 이러한 요소들은 피해자가 성희롱을 문제 제기하기 더욱 어렵게 만들게 된다.

4) 잘못된 정보를 제공하는 매뉴얼

여성가족부에서 2012년에 제작된 공공기관 성희롱 사건 처리 매뉴얼 개발 자료는 사업장 내 업무 담당자[62]가 업무 처리에 필요

---

62 여성가족부, 「공공기관 성희롱 사건 처리 매뉴얼」, 2012. 성희롱 관련 법제
도, 성희롱 개념 및 판단 기준, 사건 처리 개요 및 절차, 예방 및 대처 방안,

한 이해도를 높이고 필요한 서식 및 규정들을 제공하기 위하여 제작되었다. 하지만 매뉴얼 내용 중 잘못된 정보를 제공하는 경우도 있었다. 성희롱 판단 기준의 주요 착안점으로 '성적 만족 불필요'라는 항목 아래 "가해자가 성적 만족을 위하여 시도하는 경우에만 성희롱이 성립하는 것이 아니다. …(중략)… 아직까지 판례 및 결정례에 있어서 성적 의도가 성희롱을 판단하는 기준의 하나로서 기능하고 있다"고 설명하고 있는데, 성적 의도가 하나의 기준으로 비춰지는 판단이 잘못되었음을 문제 제기하지 않고 요건으로 설명함으로써 담당자에게 성희롱은 가해자의 의사가 있어야 성립하는 것이라는 잘못된 인식을 줄 위험이 있다.

신체적 행위를 설명하는 단락에서는 "성적 언행에 해당되지 않는 일상적인 행위라고 판단되는 경우에는 신체 접촉이 있더라도 성희롱이 해당되지 않는다"고 설명하면서 성희롱이 부정된 사례를 제시하고 있다. 하지만 성적 언행에 해당되지 않는 일상적인 행위는 누가 판단하는가에 따라 자의적으로 해석될 가능성이 매우 높다. 또한, 관대한 성문화에서 발생하는 성적인 언동 등은 일

사후 조치에 대한 내용으로 구성되었고, 각종 서식을 제공하고 있다. 성희롱 당사자와 업무 관련성 등을 사례를 제시하면서 설명하여 이해도를 높이고 있다. 여성가족부로부터 위탁받은 법학전문대학원과 사회학과 연구진이 연구를 맡았으며, 연구기관의 특성에 따라 법률 및 절차, 서식을 주요 내용으로 제시하고 있다.

　　　　　　　　　제4장 우리나라 성희롱 예방 체계의 실태

상적인 행위로 인정될 가능성이 매우 높아, 단순히 '성적 언행에 해당되지 않는 일상적인 행위'는 성희롱이 아니라고 설명하는 것은 매우 위험하다.

언어적 성희롱 부정 사례를 설명하면서 "단순히 여성 비하적인 표현을 하거나 모욕적인 표현을 한 경우 또는 성적 표현을 담고 있더라도 피해자가 불쾌감을 느끼는 데 지나지 않는 경우에는 성희롱이 성립하지 않는다"고 하여 어떤 맥락이 성희롱이 성립되지 않는 것인지 정확히 설명하지 않고 추상적으로 언급하고 있다.

성희롱 사건 처리 매뉴얼에서는 사건 처리 절차 및 사건 처리 시 유의 사항에 대한 설명을 하고 있다. 성희롱이 발생하는 관계를 상하급자, 동료, 외부 거래처로 구별하여 각 관계별 주의 사항을 설명하고 있다. 그중 동료 관계는 "일상생활에서 허용되는 단순한 농담 또는 호의적인 언동의 범주를 넘어선다고 할지라도 상대방이 성적 모욕감과 혐오감을 느끼지 않는다면 성희롱에 해당되지 않는다"[63]고 설명하여 성희롱은 피해자에 따라 성립 여부가 결정된다고 인식할 위험을 가지고 있다. 피해자가 문제 제기하지 않더라도 성희롱은 성립 가능하며, 성희롱이 발생함으로써 적대

---

63 이에 대하여 상대방이 성희롱으로 신고하지 않았다고 해서 용인되는 것이 아니라 피해자가 문제 제기하지 않으면 성희롱으로 처벌할 수 없을 뿐이라는 설명을 하고 있다.

적인 고용 환경이 조성되고 이를 개선할 필요가 있다는 부연 설명이 필요한 부분이다.

5) 활용할 수 없는 구제 방안

행정기관에서 제공하는 예방 교육 자료[64]를 보면 성희롱을 가해자-피해자 양자 간 문제로 보는 관점은 성희롱 해결 방안에서도 유지되고 있다. 직장 내 성희롱의 대처 요령에서는 '피해자가 되지 않으려면-피해를 당했을 때 대처 방안'과 '가해자가 되지 않으려면-가해자로 지목되었을 때 대처 방안'으로 나누어 설명함으로써 가해자와 피해자 간 문제로 만들어 성희롱을 해결할 주요 주체인 사용자는 삭제한다. 성희롱은 권력관계에서 발생하는 문제로 상급자에 의해 하급자를 대상으로 발생하는 경우가 많다. 따라서 고용 관계에서 취약한 위치에 있는 피해자가 직접 상급자에게 적극적으로 문제 제기하기 어려움에도 불구하고 교육 자료는 피

---

64 고용노동부, 「밝고 건강한 직장 만들기」, 2006; 고용노동부, 「성희롱 성차별 없는 행복한 직장 문화」, 2011; 여성가족부, 「서로 존중하는 일터를 위하여-공공기관의 성희롱 예방과 대처 요령」, 2009; 여성가족부, 「성희롱 없는 밝은 직장 만들기」, 2012; 여성가족부, 「직장 내 성희롱 예방 교육-기본, 심화, 관리자안」, 2013; 국가인권위원회, 「성희롱 예방 안내서」, 2011; 국가인권위원회, 「성희롱 모르고 당하시나요? 알고도 참으셨나요?」, 2011.

해자에게 '명확한 거부 의사 표시'를 하도록 강요하고 있다. 자료
에서 사내 고충 처리 기구가 있으면 "성희롱 심의위원회를 구성하
세요", "고충 접수를 통해 사실관계를 확인하세요", "공식 절차에
대한 모든 것을 사전에 알려주세요", "가해자는 단호하고 엄중하
게 처벌하세요", "재발 방지 계획을 세우세요"라고 제시하고 있지
만 구체적인 방안과 내용은 제시하고 있지 않다.[65] 사내 고충 처리
기구가 실질적으로 고충 처리 기능과 노사협의회 기능을 하는 곳
은 매우 낮은 상황이다(이영면, 2008). 회사 내 고충 처리 기구를
활용할 가능성이 낮으므로, 실질적인 사내 구제 절차 방법은 기업
의 몫이 된다. 구제 절차는 진정 및 소송 방법과 절차 및 내용, 소
요 기간, 유의 사항 등 구체적인 내용을 설명하지 않고 조직 문화
점검의 필요성을 이야기하지만, 구체적인 내용과 방법을 제공하
지 않아, 형식적이고 선언적인 내용에 불과하다.

---

65 자료에서는 표준 취업 규칙 및 서식 등을 제공하고 있으나, 취업 규칙 내용
   에서는 성희롱 가해자 징계 범위를 제시하면서도, 어떤 행위에 어떤 징계
   가 타당한지, 징계위원회 절차 및 위원 구성은 어떠한지에 대한 구체적인
   내용은 여전히 기업의 몫으로 남겨두고 있다.

6. 부족한 성희롱 자료
: 접근의 어려움, 자료의 부재

　행정기관에서 제공하는 자료는 누구나 접근 가능하며 활용할 수 있어야 한다. 우리나라의 경우 성희롱 관련 자료를 각 행정기관 홈페이지에서 검색하여 찾을 수 있다. 고용노동부의 경우 홈페이지에서 '성희롱 예방 교육'으로 검색하면 자료를 확인할 수 있지만[66] 실질적인 예방 교육 자료는 4건에 불과하며, 홈페이지에 익숙하지 않은 사람이 검색하여 원하는 자료를 얻기에는 상당한 시간이 소요된다. 여성가족부는 2015년부터 성폭력 예방 교육으로 통합하여 운영되고 예방 방지 내용이 강화됨에 따라 성폭력 통합

---

66 고용노동부 홈페이지에 '성희롱 예방 교육'으로 검색하면 법령 정보(68건), 고용 노동 뉴스(25건), 알림마당(95건), 정보마당(144건), 정책마당(3건), 민원마당(23건), 지방노동관서(920건)으로 나옴(2015년 12월 검색 기준).

페이지로 연동되어[67] 교육 관련 자료를 쉽게 검색할 수 있다. 국가인권위원회 홈페이지에서는 성희롱을 주제어로 검색하면 결정례(126건), 상담 사례(9건), 정보공개창구(11건), 정책자료(38건) 등으로 유형별 구별하여 결과물을 제공하고 있어, 검색이 비교적 용이하다.

한편, 성희롱 사례집은 성희롱 실태를 파악함으로써 성희롱 문제를 해결할 수 있는 방안을 모색할 수 있다는 점에서 매우 중요한 기능을 한다. 현재 국가인권위원회에서 제공하는 사례집이 유일한 자료이다. 성희롱을 노동법을 기준으로 판단하는 고용노동부의 관점을 분석하는 것은 중요한 의미를 가질 것이다. 하지만, 고용노동부가 성희롱 사례집을 발간하지 않음으로써 성희롱 사건은 현재의 문제임에도 불구하고 많은 사람들에게 화석화된 문제인 것 같은 인상을 주고 있다.

정부 홈페이지는 자료 및 정보를 정부가 일반인에게 일방적으로 제공하는 구조이고 이에 대한 궁금증이나 문의할 사항이 있을 경우 담당자를 알기 어렵다. 성희롱과 관련하여 문의할 사항이 있거나 문의할 내용이 있을 경우 행정기관 홈페이지상[68]으로 알 수

---

67 https://shp.mogef.go.kr/

68 고용노동부의 경우 블로그, 페이스북, 트위터, 유튜브, 카카오스토리 등 SNS 서비스를 제공하고 있으나 홈페이지상으로 이를 확인하기는 어려웠다. 위와 같이 국민들과 소통할 수 있는 매체에 대한 홍보가 부족하였다.

있는 방법은 인터넷 또는 문서로 질의를 넣는 것이며, 상담을 하고자 할 경우 회원 가입을 하여야 한다. 정부기관에 회원 가입 후 민원 상담을 하면 본인의 상담 내용이 기록에 남기 때문에 사람들이 이를 꺼려하는 경향이 있다.[69] 행정기관에 문의하기 위해서는 전화, 방문, 회원 가입을 통한 정식 질의 등 방법이 제한적이고 장벽이 높기 때문에 정부에서 제공하는 방법으로 문의가 활발히 이루어지기는 어렵다. 정부기관에서 성희롱 관련 자료는 검색을 통하여 찾아볼 수 있지만 정부와 국민이 상호 소통하기에는 한계가 있다.

(2015년 12월 기준)

[69] 우리나라의 경우 대표 민원 신청은 '민원24'를 통하여 이루어지는데, 인터넷, 스마트폰 앱으로 접속이 가능하여 쉽게 활용할 수 있으나, 문의하기 위해서는 공인인증서 및 아이핀 인증을 통해 회원 가입을 하여야 한다. 성희롱을 담당하고 있는 기관은 고용노동부, 여성가족부, 국가인권위원회인데, 일반인이 성희롱 관련 궁금증이 있을 경우 관련 부서에 직접 문의할 가능성이 높으므로, 관련 부서가 아닌 민원24를 활용할 가능성은 낮아 보인다. 또한 여성가족부, 국가인권위원회 역시 페이스북 등 SNS 서비스를 제공하고 있으나, 이를 홈페이상 확인하기는 어려워 홍보가 필요한 것으로 보인다.

　　　　　　　　　　　제4장　우리나라 성희롱 예방 체계의 실태

7. 우리나라 예방 체계의 문제점

우리나라는 성희롱을 3개 부처(고용노동부, 여성가족부, 국가인권위원회)에서 각기 다르게 관할하고 성희롱을 노동권 침해와 고용 환경의 문제임을 명확히 나타내지 못함에 따라 성희롱이 모호하고 중요하지 않은 문제로 유통되고 있다. 사용자는 성희롱을 예방하고 해결해야 할 주체임에도 불구하고 의무와 책임 내용이 미약하고 처벌 수준이 경미함에 따라 사용자의 역할을 기대하기 어렵다. 성희롱 예방 교육 관리 감독 시스템이 부재함에 따라 교육은 실행되지 않거나, 형식적인 수준에 그치고 있다. 강사와 강사 양성 기관에 대한 법제도부재로 강사의 전문성을 담보할 수 없으며, 성희롱 관련 편견과 관행이 강화되는 경우도 있다. 현재 우리나라의 예방 체계는 예방의 본래 목적을 담기에는 많은 한계를 가지고 있다.

미국의 성희롱 예방 체계 특징

미국은 성희롱을 공민권법 제7편의 성차별 문제로 보고 있다.[1] EEOC는 성희롱을 노동권, 고용 차별 문제로 정의한다. EEOC 는 1990년 성희롱에 대한 현재의 쟁점에 대한 정책 지침[2]과 1999 년 관리에 의한 불법적인 성희롱에 대한 대리 사용자의 책임에 관 한 지침[3]을 발표하여 사용자의 의무와 책임을 명확히 하고 강조하 고 있다. 미국은 성희롱 관련 지침에서 성희롱 예방 조치와 피해

1 Part 1604—Guidelines on Discrimination Because of Sex

2 EEOC, "Policy Guidance on Current Issues of Sexual harassment, 1990.
   http://www.eeoc.gov/policy/docs/currentissues.html

3 EEOC, "Enforcement Guidance: Vicarious Employer Liability For Unlawful
   Harassment by Supervisors", 1999.
   http://www.eeoc.gov/policy/docs/harassment.html

자 구제 조치에 대하여 구체적으로 명시하고 있다.[4] 사용자가 예방 및 해결 의무를 해태하여 성희롱이 발생하였을 경우 사용자에게 징벌적 손해배상으로 무거운 책임을 지도록 하고 있다. 자신이 처벌을 받을 수도 있다는 예측을 하거나 처벌에 관한 선례가 있는 경우, 사용자는 성희롱 예방 조치 및 효과적인 예방 교육에 자발적으로 참여하게 될 가능성이 높다. EEOC는 사용자가 합리적인 주의 의무를 다할 수 있도록 구체적인 지침과 내용을 제공하고 있다. 미국의 성희롱 예방 체계는 성희롱을 예방하기 위한 법을 제정하고 효과적으로 운영되기 위한 홍보와 지침 및 매뉴얼을 충분히 제공하고 있을 뿐만 아니라, 법 위반 시 사용자가 엄중한 책임을 지도록 함으로써 성희롱을 예방하고 해결하는 기능을 효과적으로 하고 있다. 미국의 경우 3개의 주에서 성희롱 예방 교육을 의무화하고 있는데, 캘리포니아주, 코네티컷주, 메인주[5]이다. 캘리포니아주의 경우 강사 관련성 규정이 가장 엄격한 편이고 코네티컷주의 경우 교육 내용에 대한 규정이 매우 구체적이며, 메인주는 관대한 편이다.

이 장에서는 미국의 사례로서 EEOC 지침과 코네티컷주 규정, 캘리포니아주 규정, 메인주 규정, 비교적 내용을 상세히 다루고

---

4 EEOC Guidance E. Preventive and Remedial Action

5 http://www.maine.gov/legis/opla/harass.htm

있는 펜실베니아주[6]의 권고 사항을 기초로 하여 성희롱 예방제도 체계를 중심으로 살펴보도록 하자.

6 http://www.portal.state.pa.us/portal/server.pt

1. 미국의 성희롱 관련 법제도

성희롱, 노동권과 건강권 침해의 문제

EEOC에서는 성희롱을 반갑지 않은 성적인 언동에 대한 불복이 명시적 또는 암묵적으로 개인의 고용 조건이 되는 경우라고 정의하고 있다.[7] 성희롱은 고용 조건에 영향을 미치거나 적대적인 환경을 조성한 결과라고 명시하여 성희롱이 노동권 침해임을 명확하게 밝히고 있다. EEOC 사용자 가이드[8]에서는 차별금지법령

---

7 EEOC, "Policy Guidance on Current Issues of Sexual Harassment", 1990 wnd BACKGROUND, A. Definition 내용 서두. Thus it is crucial to clearly define sexual harassment: only unwelcome sexual conduct that is a term or condition of employment constitutes a violation.

8 EEOC, "Enforcement Guidance: Vicarious Employer Liability For Unlawful

들은 '일반적인 예절 규범(general civility code)'이 아님을 강조[9]하고 있는데, 이는 고용상 차별은 단순히 '태도'의 문제가 아닌 노동권을 침해하는 심각한 불법임을 말하는 것이다. 또한, Supreme Court's Decision in Vinson 판례[10]를 통하여 성희롱은 남녀평등을 저해하는 것으로, 근로를 하는 동안 성희롱을 당하는 것은 근로자에게 매우 가혹하며, 이는 적대적인 고용 환경으로 고용 차별임을 명시[11]하고 있다.

EEOC 지침에서 근로자는 성희롱이 발생하지 않는 근무 환경

Harassment by Supervisors", 1999.

9 Furthermore, the Anti-Discrimination Statutes are not a "General Civility Code".

10 근로자의 관리자가 지속적으로 근무 시간과 근무 시간 외에도 사용자 건물 안팎에서 성희롱을 하였다고 주장하여 대법원까지 간 사건이다. 대법원은 성희롱 여부는 '적대적 환경과 성희롱 행위는 반갑지 않은' 것이어야 함을 판시하였다.

http://www.eeoc.gov/policy/docs/currentissues.html

11 EEOC, "Enforcement Guidance: Vicarious Employer Liability For Unlawful Harassment by Supervisors", 1999.

Sexual Harassment which creates a hostile or offensive environment for members of one sex is every bit the arbitrary barrier to sexual equality at the workplace that racial harassment is to racial equality. Surely, a requirement that a man or woman run a gauntlet of sexual abuse in return for the privilege of being allowed to work and made a living can be as demeaning and disconcerting as the harshest of racial epithets.

을 주장할 권리를 가지고 있음을 규정[12]하고 있다. 코네티컷주 규정[13]은 성희롱[14]이란 원하지 않는 성적인 접근 또는 성 접대 요청, 또는 성적인 성격을 가진 다음의 경우에 해당하는 행위 일체를 의미한다 ; 성희롱 행위에 대한 동의가 명시적 또는 묵시적으로 개인의 고용 기간이나 고용 조건이 되는 경우, 위 행위의 동의 및 거절이 개인의 고용 결정의 근거로서 사용되는 경우, 위 행위가 개인의 업무 수행을 상당히 방해하거나 위협적이고 적대적이고 불쾌한 근무 환경을 조성하는 목적 또는 효과를 가지고 있는 경우.

캘리포니아주 보건부(CDPH)는 직장 내 성희롱 예방 정책을 건강권으로 규정하고 있는데, 성희롱, 협박, 보복 또는 강제를 포함하는 모든 형태의 차별로부터 자유로운 환경에서 작업할 수 있는 권리가 있음을 명시[15]하고 있다. CDPH는 주 및 연방법을 근거로 성희롱을 고용상 차별의 한 형태로 규정하고 성희롱이 없는 작업 환경을 제공하도록 한다. 미국의 법제도에서 성희롱은 성적인 언동이 근로자의 고용 기간, 고용 조건이 되며, 개인의 고용 여부를 결정하며, 위협적이며 적대적이고 불쾌한 근무 환경을 만드는 경

---

12 Guidance, A. Determining Whether Sexual Conduct Is Unwelcome
13 https://www.ctdol.state.ct.us/uitax/SexualHarass.pdf
14 Sec. 46a-54-200. Definitions.
15 California Department of Public Health, Sexual Harassment Prevention Policy

우로서 근로자의 노동권과 건강권[16]에 대한 것임을 명확히 밝히고 있다.

EEOC는 성희롱이 기업 내 권력관계로 인하여 발생함을 명시하고 있지는 않지만, 성희롱 가해자가 관리자인 경우 사용자가 대리 책임을 지도록 하고 피해자가 성희롱 문제를 제기하는 데 있어 보복을 두려워하거나, 문제 제기하는 데 어려움이 있음을 바탕으로 대안을 제시함으로써 성희롱의 발생 원인이 조직 내 권력관계와 위계 구조에 있음을 전제하고 있다. 피해자가 성희롱에 대한 문제를 제기하기 어려운 요소를 세 가지로 제시하고 각 유형에 대한 설명을 자세히 하고 있다. 세 가지 요소는 피해자가 성희롱 문제를 제기할 때 보복 가능성이 있을 경우, 불만을 제기하는 절차 또는 방법이 어려운 경우, 절차 자체가 효과적이지 않을 경우이다. 구제 절차 중 피해자가 직접 상급자인 가해자에게 성희롱 문제를 제기하도록 되어 있다면, 그 절차는 효과적이지 못하다고 명시하고 있어, 성희롱 문제가 조직 내 권력/위력적인 문제이며, 개인 문제가 아님을 나타내고 있다.

---

16 코네티컷주에서 제공하는 신규 근로자들의 건강권을 위한 교육 커리큘럼은 미국산업안전관리공단에서 제공하는 것으로 성희롱을 사업장 내 폭력 중의 하나로 명시하고 있으며, 근로자의 건강권의 문제임을 설명하고 있다.

2. 사용자의 무거운 책임과 의무

미국에서는 사용자의 책임과 의무를 명백히 규정하고 있다. 사용자가 성희롱을 예방할 수 있는 방지 조치를 강구하고 성희롱이 발생하였을 경우 피해자 보호 관점에서 성희롱 문제를 해결할 수 있도록 상세한 절차 및 내용을 규정하고 있다. 사용자가 가해자가 아닌 경우에도 상급자(관리자)에 의한 성희롱 책임을 지도록 하고 있으며, 성희롱 발생 시 처리 지침과 개선에 대한 책임이 사용자에게 있음을 명시하고 있다.

EEOC 지침 중 'D. 방지 및 구제 조치'에서는 성희롱이 발생하는 것을 예방하는 데 필요한 모든 조치를 사용자가 할 것을 권고하고 있다. 그리고 '시민권 7편'에서도 사용자는 근로자에게 차별적 위협과 조롱, 모욕이 없는 환경에서 일할 권리를 제공할 의무가 있으며, 적대적 또는 모욕적인 고용 환경을 개선할 의무가 있음[17]을 규정하고 있다.

EEOC 사용자 가이드[18]는 Burlington Industries, Inc. v. Ellerth, 118 S. Ct. 2257(1998) 판결 원칙을 통해 사용자 의무를 설명하고 있다. 사용자는 관리자 행동에 책임이 있고, 성희롱을 방지해야 하며, 동료 근로자들이 성희롱의 피해를 회피하는 것을 금지할 의무를 지며, 이를 해태하였을 경우 발생한 성희롱 문제에 대하여 사용자가 책임을 진다고 명시하고 있다. 또한, 공민권법에서는 사용자가 차별적인 성희롱을 예방할 모든 조치를 취하도록 권고하고 있으며, 캘리포니아주 법에서도 성희롱과 관련하여 무관용 원칙을 명시[19]하고 있다. 사용자는 성희롱이 발생했을 경우 합리적인 주의 조치를 했음을 입증하지 않는 한 무거운 책임을 지도록 하고 있다. 피해자는 성희롱이 발생했을 경우 사용자를 상대로 징벌적 손해배상 청구소송을 할 수 있으며, 징벌적 손해배상 범위는

---

17 EEOC, "Policy Guidance on Current Issues of Sexual Harassment", 1990 중 E. Preventive and Remedial Action, 2) Remedial Action — Since Title VII; affords employees the right to work in an environment free from discriminatory intimidation, ridicule, and insult" (Vinson), 106 S. Ct. at 2405), an employer is liable for failing to remedy known hostile or offensive work environments.

18 EEOC, "Enforcement Guidance: Vicarious Employer Liability For Unlawful Harassment by Supervisors", 1999.

19 State Of California Department Of Justice, Supercedes Management Bulletin 99-09, 2 pages Zero Tolerance Policy

1인당 평균 81만 3,575달러(한화 약 9억 5천만 원)에 이른다(이혜경, 2014). 사용자의 처벌 예측 가능성은 자동적으로 사용자의 예방 의무를 강화하고 효과적으로 이행할 수 있는 장치가 된다.

EEOC에서 권고하는 고충 처리 절차 중 의미 있는 것은 피해자가 성희롱을 공식적으로 문제 삼기를 원하지 않는 경우뿐만 아니라, 성희롱이라고 판단하기 어려운 경우에도 사용자는 성희롱을 예방하고 성희롱이 발생하지 않도록 점검하는 의무를 부여[20]하는 것이다. 사용자는 근로자에게 안전한 근로 환경을 제공할 의무를 지므로 피해자의 성희롱 주장 및 성희롱 성립 유무와 관계없이 성희롱을 예방하고 점검해야만 한다. 즉, 미국은 성희롱을 심각한 불법 행위로 간주하고, 사용자에게 성희롱을 예방하고 해결해야 할 의무와 책임을 부여하여 성희롱이 효과적으로 예방될 수 있도록 하고 있다.

---

20 EEOC, "Enforcement Guidance: Vicarious Employer Liability For Unlawful Harassment by Supervisors", 1999.
V. Harassment by Supervisor That Does Not Result in a Tangible Employment Action, C. First Prong of Affirmative Defense: Employer's Duty to Exercise Reasonable Care, 1. Policy and Complaint Procedure; While it may seem reasonable to let the employee determine whether to pursue a complaint, the employer must discharge its duty to prevent and correct harassment. If no determination can be made because the evidence is inconclusive, the employer should still undertake further preventive measures, such as training and monitoring.

3. 구체적인 성희롱 예방 내용과 방법

1) 근로자가 충분히 알 수 있도록 성희롱 내용 고지

EEOC는 사용자의 예방 조치에 대하여 권고[21]하고 있다. 사용자는 예방 정책과 고충 처리 절차를 수립하고 이를 적극적으로 홍보하며 집행하여야 한다. 사용자는 모든 근로자에게 정책 및 고충 처리 절차 책자를 제공하고 정기적으로 재배포하여야 한다. 고충 처리 절차와 정책 관련 정보는 근로자들이 언제든지 접할 수 있도록 항상 게시하여야 하고, 모든 근로자들이 권리와 책임을 이해할 수 있도록 교육을 권고하고 있다.

---

21 C. First Prong of Affirmative Defense: Employer's Duty to Exercise Reasonable Care에서 1. Policy and Complaint Procedure 내용.

코네티컷주는 3명 이상 근로자를 둔 사용자에게 성희롱의 불법성과 성희롱 피해자 구제 조치를 직원에게 고지할 의무를 부여한다. 고지 내용은 성희롱 정의와 성희롱으로 보는 행위의 예, 코네티컷주, 공민권법에 따라 성희롱이 금지되는 내용, 성희롱은 민형사상 처벌 대상이라는 내용이다. 그리고 구제 절차 및 방법을 명시하고 있는데, 코네티컷주 인권 및 고용균등위원회 주소 및 전화번호, 성희롱 발생 후 180일 내 코네티컷 위원회에 서면으로 고소장을 제출하여야 하는 방법 등이다. 고지서에는 "성희롱은 불법임"이라는 머리말을 굵은 글씨로 명시해야 함을 규정하고 있다. 고지문은 근로자가 쉽게 접근 가능한 장소에 게시하고 항상 볼 수 있도록 하고 고지문 예시 내용을 부록으로 제시하고 있는 등 매우 구체적이고 실용적으로 규정하고 있다.

성희롱은 불법이며, 성희롱 발생 시 구제 방법에 대하여 명확하게 설명하도록 하고 있으며, 근로자가 충분히 알 수 있도록 하고 있다. 이는 단순히 일회적인 교육이나 형식적인 절차가 아니라, 근로자들이 본인의 권리와 권리 구제 방법에 대한 내용을 숙지하고 성희롱이 발생할 경우 활용할 수 있는 수준인 것이다.

2) 변화를 기대할 수 있는 성희롱 예방 교육

EEOC는 성희롱 예방 교육을 의무적으로 실시하도록 하고 있지 않으나, 사용자의 예방 의무를 강화하고 성희롱 발생 시 사용자에게 무거운 책임을 지도록 함으로써 자발적으로 효과적인 성희롱 예방 교육이 이루어지도록 하고 있다. 현재, 3개의 주에서 성희롱 예방 교육을 의무화하고 있는데, 캘리포니아주, 코네티컷주, 메인주[22]이다. 캘리포니아주 정부의 경우 50인 이상 사업장의 관리자들은 성희롱 예방 교육을 받아야 하며, 공공기관은 규모와 관계없이 성희롱 예방 교육을 의무적으로 시행하여야 한다. 캘리포니아주는 50인 이상 사기업과 공공기관에게 성희롱 예방 교육을 의무적으로 실시하도록 하고 있다. 메인주는 근로자를 15인 이상 고용하는 공·사 기업에게 직장 내 성희롱 예방 교육을 실시하도록 규정하고 있다. 캘리포니아주의 경우 강사 관련성 규정이 가장 엄격한 편이고 코네티컷주의 경우 교육 내용에 대한 규정이 매우 구체적이며, 메인주는 관대한 편이다. 다른 주에서는 성희롱 예방 교육을 의무화하고 있지는 않지만 22개 주에서 성희롱 예방 교육을 권고[23]하고 있다. 미국의 사례는 EEOC 지침과 코네티컷

---

22 http://www.maine.gov/legis/opla/harass.htm

23 미국의 경우 현재 법률로 직장 내 성희롱 예방 교육을 의무화하고 있지는 않지만, 성희롱을 예방할 수 있는 조치를 취하도록 권장하고 있는 주가 22개 있다. 콜로라도, 플로리다, 하와이, 일리노이, 아이오와, 메릴랜드. 메사추세츠, 미시건, 펜실베이니아, 로드아일랜드. 테네시, 텍사스, 유타, 버몬트, 워싱턴, 위스콘신주.

주 규정, 캘리포니아주 규정, 메인주 규정과 비교적 내용을 상세히 다루고 있는 펜실베니아주[24]의 권고 사항을 기초로 하여 살펴보도록 하겠다.

(1) 구체적인 성희롱 예방 교육 내용

코네티컷주는 성희롱 예방 교육을 의무화하고 교육 내용과 방법을 법으로 명시하고 있다. 성희롱 예방 교육은 아래 여섯 가지 내용을 포함하도록 하고 있다.

첫째, 코네티컷주 차별적 고용에 관한 법과 공민권법 7편, 직장 내 성희롱을 금하는 내용과 사용자가 반드시 준수하여야 하는 모든 연방법 및 주법 규정.

둘째, 코네티컷주와 공민권법에 명시하고 있는 성희롱에 대한 정의.

셋째, 성희롱 가해자와 피해자는 남녀 모두 해당되며, 동성, 이성 간 모두 발생할 수 있다는 사실 등 법에서 성희롱으로 간주될 수 있는 여러 형태의 행위에 대한 토론(discussing).

넷째, 중지 명령·고용·승진·복직, 피해보상 및 급여 지급(이에 국한되지 않음) 등 성희롱 사건에서 제공하는 구제 조치에 대한 설명.

---

24 http://www.portal.state.pa.us/portal/server.pt

다섯째, 성희롱 행위를 저지른 사람은 민·형사처벌을 받을 수 있다는 사실.

여섯째, 직장에서 성희롱을 예방할 수 있는 전략에 관한 토론 (discussing).

직장 내 성희롱은 불법이고 고용 차별로서 근로자의 노동권을 침해하는 것이며, 이를 해결하고 예방하여야 하는 것은 사용자 의무이자 책임임을 분명히 밝히도록 하고 있다. 직장 내 근로자라면 남녀 구별 없이 누구나 성희롱 피해자가 될 수 있으며, 성희롱은 고용 조건과 고용 환경을 저해하는 모든 요소임을 알 수 있도록 규정한다. 성희롱 가해자는 민·형사상 책임을 진다는 내용을 분명히 밝힘으로써 성희롱이 불법 행위임을 강조하고 피해자 구제 방안을 명확히 교육하도록 한다. 또한, 직장 내 성희롱은 조직의 문제이고 고용 환경의 문제이므로 성희롱을 예방하기 위해서는 조직 구성원 모두가 노력하고 방안을 강구해야 함을 토론을 통하여 이끌어내어 효과적이고 실효성 있는 대안이 마련될 수 있도록 하고 있다.

코네티컷주는 효과적인 교육을 위하여 일곱 가지 사항을 권고하고 있다.

첫째, 성희롱에 대한 문제 제기(complaints)는 심각하게 다루어져야(taken seriously) 한다는 사실, 일단 문제가 제기되면 관리자는 이를 즉시 사용자가 지정한 직원에게 보고하고 내용은 개인적이고 비밀스럽게 다루어져야 하며, 반드시 알아야 하는 사람을 제외하고는 공개되어서는 안 된다는 사실 등을 훈련 참석자[25]에게 통지해야 한다.

둘째, 성희롱이 무엇이며, 이를 예방하는 방법은 무엇인지 등에 대하여 이해를 증진시키기 위한 역할극(role playing), 남녀 혼성 그룹 토론(coed group discussions), 성희롱 상황을 이해하고 성희롱을 예방하기 위한 행동 훈련(behavior modeling to facilitate understanding of what constitutes sexual harassment and how to prevent it) 등을 실시해야 한다.

셋째, 타인의 말 경청하기 등 대인관계 기술의 중요성에 대한 교육과 성희롱 피해자의 경험을 이해할 수 있도록 해야 한다.

넷째, 성희롱으로 인하여 대인관계 갈등, 낮은 업무 성과, 결근, 이직 및 불만 제기 등이 피해자와 기업의 생산성에 부정적인 영향을 미칠 수 있음에 대해, 그리고 성희롱을 예방할 수 있는 전략의 중요성에 대하여 직원들에게 조언해야 한다.

다섯째, 성희롱을 예방함으로써 기업은 높은 생산성과 쾌적한 근무 환경을 보장받을 수 있으며, 사용자는 성희롱 발생에 대한 책임 위험성(성희롱이 발생하거나 발생하였다고 보이는 경우 사

---

25 코네티컷주에서는 근로자 수가 50인 이상 사업장의 경우 성희롱 예방 교육 의무가 있으며, 법정 의무교육 대상은 관리자급이다.

용자가 부담해야 하는 책임)을 잠재적으로 낮출 수 있는 점 등 성
희롱을 이해하고 예방함으로써 얻을 수 있는 혜택에 대해 설명하
여야 한다.

여섯째, 성희롱 보고 절차에 대한 설명 및 성희롱에 연루되었음
이 밝혀진 사람들에게 취해질 수 있는 징계 조치 등 성희롱과 관
련하여 사용자가 시행할 정책에 대한 설명을 하여야 한다.

일곱째, 사람들 인식 차이 및 의사소통의 차이에 대한 토론(dis-
cussing), 그리고 이와 관련하여 일부 성희롱 사건에서 이야기하는
'합리적인 여성'과 '합리적인 남성'의 개념을 토론(discussing)을 통
해 교육하도록 권고하고 있다.

성희롱은 불법이고 매우 심각한 문제이며, 피해자 보호를 전제
로 구제 절차가 이루어져야 함을 전제하고 있다. 또한, 피해자의
권리 주장 시 피해자의 입장을 이해하기 위한 경청하기와 대인관
계 기술을 교육함으로써 성희롱이 발생하였을 때 피해자를 보호
할 수 있도록 하고 있다.

코네티컷주는 성희롱 개념, 사용자의 의무, 근로자의 권리, 피
해자 구제 방법, 성희롱 예방 전략 내용을 교육하도록 함으로써
성희롱 예방 교육이 효과적으로 이루어지기 위하여 고민하였음을
드러내고 있다. 다양한 성희롱 유형을 토론하도록 함으로써 누구
나 성희롱 피해자가 될 수 있음을 인지하게끔 법으로 명시하고 있
다. 성희롱 예방 교육은 누가 하고 어떤 내용으로 하는지에 따라

교육 내용 및 효과가 달라질 수 있다. 성희롱 예방 교육 내용을 법으로 명확히 규정하는 것은 강사가 누구인지와 관계없이 성희롱의 중요한 내용을 전달될 수 있도록 함으로써, 잘못된 강의로 인해 성희롱에 대한 그릇된 편견과 관행이 양성되거나 재생산되는 것을 방지할 수 있다.

(2) 학습자 참여 중심의 성희롱 예방 교육

코네티컷주는 성희롱 예방 교육 내용뿐만 아니라 교육 방법에 대해서도 구체적으로 규정하고 있다. 특히, 근로자가 참여하여 성희롱의 구조적 문제점을 인식하도록 하고 스스로 예방할 수 있는 방안을 찾도록 하는 점이 매우 의미가 있다. 코네티컷주 규정에서 근로자 참여를 명시하고 있는 교육 방법과 내용은 [표 6]과 같다.

[표 6] 코네티컷주의 성희롱 예방 방법 별 교육 내용과 관련 규정[26]

교육 방법	교육 내용	법 조문
토론 (discussing)	성희롱 가해자 또는 성희롱 희생자는 남녀 모두 해당된다는 사실, 성희롱은 동성 또는 이성 간에서 모두 발생할 수 있다는 사실 등 법에서 성희롱으로 간주될 수 있는 여러 형태의 행위에 대한 토론	SEC. 46a-54-2004, C)-(1)-(C)

---

26 State of Connecticut, "Regulations of Connecticut State Agencies Currentness", 1993을 기초로 필자가 도표로 작성.

토론 (discussing)	직장에서 성희롱을 예방할 수 있는 전략에 관한 토론	SEC. 46a-54-2004, C)-(1)-(F)
	모든 사람들의 인식의 차이 및 의사소통의 차이에 대한 토론, 또한 이와 관련하여 성희롱 사건에서 '합리적인 여성'과 '합리적인 남성'의 개념에 대한 토론	SEC. 46a-54-2004, C)-(2)-(G)
롤 플레잉, 남녀혼합 그룹토론, 모범행동, 모방훈련	성희롱은 무엇이며 이를 예방하는 방법은 무엇인지 등에 대하여 이해를 증진시키기 위한 롤 플레잉, 남녀혼합 그룹토론, 모범행동, 모방훈련	SEC. 46a-54-2004, C)-(2)-(B)

성희롱 개념을 정확하게 인식할 수 있도록 '성희롱 가해자 또는 피해자는 남녀, 동성, 이성 모두 해당된다는 내용과 성희롱이 될 수 있는 여러 행태를 토론하도록 한다. 학습자들이 사업장에서 발생할 수 있는 성희롱이 무엇인지, 우리 직장에서 어떻게 발생할 수 있는지를 인식하여, 성희롱에 대한 개념을 정확히 알 수 있도록 하고 있다.

근로자가 성희롱 맥락과 상황 그리고 피해자 입장을 이해할 수 있도록 '성희롱 사건에서 합리적인 여성과 합리적인 남성'에 대하여 토론하도록 한다. 그리고 조직 구성원들이 피해자 구제 절차에 협력할 수 있도록 '사람들의 인식 차이 및 의사소통의 차이'에 대한 토론을 하도록 명시하고 있다.

성희롱 예방 방법을 조직 구성원들이 직접 설계하고 토론을 통하여 함께 고민하게 함으로써 해결 방안을 이끌어내고 있다. 학습자에게 성희롱은 조직의 문제이며, 누구나 대상자가 될 수 있음을 인식하도록 한다. 그리고 서로의 입장을 이해하도록 성희롱을 입체적으로 이해할 수 있도록 할 뿐만 아니라, 함께 구상한 예방 전략을 행동으로 옮기도록 한다.

근로자 스스로 성희롱이 조직의 문제임을 인식하고 변화할 수 있도록 법제도로 규정하고 있다. 또한, 토론과 모범 행동 등 위의 내용과 교육 방법이 충분히 이루어질 수 있도록 성희롱 예방 교육 시간은 2시간 이상 진행하여야 하며, 공공기관의 경우 전 직원들에게 3시간 이상 교육이 이루어지도록 하고 있다.

그리고 성희롱 예방 교육은 분명하고 이해 가능한 언어를 사용하여야 하며, 근로자들이 질의 및 응답할 수 있도록 교실과 유사한 환경에서 실시하도록 규정[27]하고 있다.

코네티컷주 위원회는 성희롱 예방 교육과 관련하여 법규 해석 및 정부정책 진행 사항을 3년마다 제공하도록 하고 모든 사용자에게 교육 관련 기록 일체를 보관하도록 권고한다. 보관할 자료는 교육 과정에서 제공된 교육 자료, 강사 이름, 주소, 자격 등, 피교육자들의 이름 및 주소 그리고 교육일 등이고, 이 자료를 1년 이상 보관하도록 하며, 성희롱 문제 제기가 있었을 경우 성희롱이 해결될 때까지 해당 기록을 보관하도록 하고 있다. 즉, 성희롱 발생 시

---

27 State of Connecticut, "Regulations of Connecticut State Agencies Currentness", 1993, sec 46a-54-204, (c).

효과적인 교육이 이루어졌는지 확인하고 점검할 수 있는 제도를 갖추고 있는 것이다.

이러한 방법이 효율적으로 기업에서 활용할 수 있도록 주 정부에서는 성희롱 예방 교육 매뉴얼을 제공하고 있는데, 그 내용은 뒤에서 살펴보도록 하자.

(3) 성희롱 예방 교육 강사의 전문성

메인주에서는 성희롱 예방 교육 강사 조건을 규정하고 있지 않으나, 주 홈페이지에서 우수한 교육기관 17곳을 제시[28]하고 있으며, 전문성을 갖춘 교육기관에 대한 정보를 사용자가 알 수 있도록 제공하고 있다. 캘리포니아주는 성희롱 예방 교육 강사의 요건을 [표 7]과 같이 규정[29]하고 있다.

---

28 State of Maine, "The Maine Human Fights Act Prohibits Sex Discrimination, Know Your Legal Rights and Responsibilities—Sexual Harassment Trainer's Referral List", 2013.
http://www.maine.gov/mhrc/resources/

29 State of California, "Fair Employment and Housing commission's sexual harassment training and education regulations", CA state law(AB 1825).
http://www.dfeh.ca.gov/Publications_StatLaws_SexHarrass.htm

[표 7] 캘리포니아주 성희롱 예방 교육 강사의 자격 요건[30]

강사 종류	자격 요건
변호사	미국 주의 변호사협회에 등록된 지 2년 이상 된 변호사로서 '공정 고용 및 주택법(fair employment and housing act)'에 의거해 노동법 분야를 다룬 경력이 있는 경우
인사 담당자	2년 이상의 경력이 있는 전문가로 다음 중 하나의 실무 경력이 있어야 함. 1. 차별 및 성희롱 예방 교육의 진행 또는 설계 2. 성희롱 사례 신고 및 기타 차별 사례 신고에 대한 대응 3. 성희롱 사건 조사 4. 차별 및 성희롱 예방에 대해서 고용주 또는 직원들에게 상담을 제공
법대 교수 혹은 강사 (필자)	석사 이상의 학위 소지자 또는 캘리포니아주에서 강사로 자격을 갖추고 있으면서 20시간 이상의 강의 경력 또는 2년 이상의 노동법 관련 강의 경력이 있을 것

캘리포니아주에서 성희롱 예방 교육을 할 수 있는 강사는 크게 세 가지 유형으로 나뉜다. 노동법 분야를 다룬 자로서 경력 2년 이상인 변호사, 성희롱 예방 교육 진행 또는 성희롱 및 차별 신고에 대응하거나 성희롱 사건 조사, 차별 및 성희롱 예방에 대해 상담을 제공한 자로서 2년 이상 실무 경력이 있는 인사노무 담당자, 석사 이상 자격을 갖추고 20시간 이상 강의 경력 또는 2년 이상 노동법 관련 강의 경력이 있는 자여야 한다. 캘리포니아주는 전문 지식이 있는 자를 강사 요건으로 규정하고 있는데, 차별과 성희롱

---

30 "Fair Employment and Housing commission's sexual harassment training and education regulations", division 4-7288.0-(a)-(9)

관련 실무 경험이 있는 자와 노동법 분야 전문 지식이 있는 자를 강사 조건으로 규정하여, 성희롱이 고용상 차별 문제이자 노동권 침해임을 전제하고 있다. 또한, 코네티컷주는 매월 강사를 대상으로 업데이트된 전문가 교육 과정을 열어[31] 강사 전문성 향상을 위하여 노력하고 있다.

---

31 http://www.dfeh.ca.gov/Webinars.htm

4. 고용 환경을 변화시키는 성희롱 해결 방안

사용자는 면책되기 위해선 피해자가 사내 구제 절차를 이용하는 데 태만하였음을 입증하여야 한다. 사용자는 성희롱에 대한 문제 제기로 인해 보복당하지 않는다는 정책을 명확하게 근로자에게 전달하여야 한다. 즉, 사용자는 성희롱을 해결하는 구제 방법을 갖추어야 하며, 구제 절차는 피해자가 접근 가능하고, 현실 가능하여야 한다. 실질적으로 피해자가 보복에 대한 걱정 없이, 성희롱을 해결할 수 있다는 기대하에 구제 절차를 신청할 수 있는 수준(encourage victims of harassment to come forward)으로 피해자 보호 원칙을 전제한다. 사용자는 성희롱이 접수되었거나 성희롱 사실을 알게 되었을 경우(피해자가 신고하지 않았어도) 신속하고 철저하게 조사해야(investigate promptly and thoroughly) 한다. 사용자는 성희롱 문제를 해결하기 위하여 필요한 모든 행위를 신속하고 적절하게 수행하여야 하고 피해자의 상실된 고용 혜택이나 기회를 원상회복하며 성희롱이 재발하는 것을 방지하도록 하여야 한다. 또한, 사용자는 성희롱이 해결되었는지, 피해자에게 2, 3차 피해는 없었는지를 확인하는 후속 조치를 하여야 한다. 이는 성희롱이 발생하였을 때 어떤 수준까지 사용자가 노력해야 하는지 설명하는 것인데, 성희롱이 발생하였을 경우 단순히 가해자 처벌이 아닌, 피해자의 고용 조건 및 고용 환경을 개선하여야 함을 나타내는 것이다.

EEOC는 관리자(가해자가 관리자인 경우)의 성희롱에 대한 사용자 대리 책임 지침을 통하여 성희롱이 발생하였을 때 구제 방안에 대하여 매우 구체적이고 상세하게 규정하고 있다. 사용자는 피해자가 EEOC에 제소하였든 하지 않았든 상관없이, 내부 구제 절차를 시행하여야 하며, 이러한 자료를 보관하도록 하고 있다.

사용자는 피해자에 대한 비밀을 보장하여야 한다. 성희롱 고충 담당자는 증인을 면담하고 신뢰성을 평가하는 데 필요한 기술을 익혀야 하며, 피해자와 가해자, 제3자를 면담할 때 개인 견해는 배제해야 한다. 지침에서는 당사자와 증인들에게 할 질문과 신뢰성을 판단하는 방법을 구체적으로 제공하고 있다. 피해자에게 다음 사실을 확인하도록 한다. 성희롱 사실 관계, 성희롱이 고용에 어떤 영향을 미쳤는지, 직무에 영향을 받았는지, 아는 사람이 있는지, 가해자가 다른 사람에게도 성희롱을 하였는지, 증거 자료가 있는지, 요구 사항이 있는지, 기타 다른 정보가 있는지에 대하여 피해자에게 물어보아야 한다. 그리고 가해자에게 다음 내용을 묻도록 한다. 피해자 주장에 대한 입장, 피해자 주장을 인정하지 않을 경우 가해자가 거짓말을 하는 이유, 증인이 있는지, 증거 자료 또는 기타 정보가 있는지를 확인해야 한다.

여기서 의미 있는 것은 가해자가 피해자 주장을 거부할 경우 왜 그렇게 생각하는지 이유를 묻도록 하는 것이다. 가해자가 성희롱을 인정하지 않는 것이 일반적인 현상이고 가해자가 인정하지 않을 때 대응 방안을 제시하여 성희롱 성립 여부를 판단할 수 있도록 하고 있다. 제3자에게 사건과 관련하여 보거나 들은 내용, 피해자와 다른 사람들에 대한 가해자의 행동, 피해자로부터 들은 내용 및 정보, 다른 증인이 있는지 여부 등을 물어야 한다. 사실 관계 인터뷰 후 내재적 타당성, 태도, 보강 증거, 과거 기록을 통하여 신뢰성을 판단하도록 하고 있다. 성희롱은 비공개적으로 발생하는 경우가 있으므로 증인이 없음을 이유로 성희롱을 부인할 수 없음을 명시하여, 성희롱의 특수성을 인지하도록 하고 있다.

경영진은 성희롱 여부를 판단 후 당사자에게 그 결정을 알려주어야 한다. 증거가 결정적이지 않아 판단이 어려운 경우 사용자는 성희롱 예방 교육 및 감시 등과 같은 예방 조치를 하도록 하여, 피해자에게 고용상 불이익이 없도록 조치를 마련하고 있다. 사용자는 성희롱이 발생하였다고 판단 시 반드시 징계를 포함한 적절한 조치를 하여야 하며, 이러한 내용을 당사자에게 고지하여야 한다. 구제 내용은 성희롱을 중지시키고 피해자에게 영향을 주었던 고용 조건을 원상 회복하여야 하며, 성희롱 재발이 방지되는 수준이어야 한다. 피해자 근로 조건에 영향을 주었던 상황을 원상 회복시키는 예로는 성희롱으로 인한 휴직의 반환, 인사상 부정적 평가 삭제, 복직, 가해자에 의한 사과, 가해자나 직장 내 다른 사람들에 의해 2차, 3차 피해가 발생하지 않도록 하는 사용자의 지도 및 감시, 성희롱으로 야기된 기타 손해에 대한 손해배상 등이다. 사용자의 역할은 성희롱 사건을 해결하는 것으로 종료되는 것이 아니라, 성희롱 해결 후 예방 개선 조치를 하는 것까지 이어진다. 성희롱 행동 유형, 성희롱의 심각성, 관리자의 책임 등을 근로자들이 인지할 수 있도록 정기적인 교육 및 성희롱 예방 프로그램을 운영하도록 규정하고 있다. 구제 절차는 성희롱 사건이 종결됨으로써 완료되는 것이 아니라, 성희롱이 불법이며 금지된다는 내용을 구성원 모두 인지하여 성희롱이 발생하지 않는 안전한 고용 환경을 조성하는 데까지 요구되는 것이다.

행정의 구체성

성희롱을 예방하기 위해서는 법제도가 구체적이고 효과적으로 제정되고 동시에 행정의 구체성이 담보되어야 한다. EEOC에서 성희롱 내용을 구체적으로 규정하고 있을 뿐만 아니라, 주 정부에서도 성희롱 규정과 정책을 수립하고 있다. 주 정부는 성희롱 예방 교육 강의안과 매뉴얼을 제공하고 있으며, 성희롱 구제 절차 내용을 적극적으로 홍보하여 기업이 성희롱을 효과적으로 예방할 수 있도록 지원하고 있다.

5. 누구나 활용 가능한 성희롱 예방 교육 매뉴얼

캘리포니아주는 성희롱 관련 무관용 원칙을 명시하고 성희롱 관련 정책에서 성희롱 개념, 유형, 사용자 및 관리자 의무, 피해자 구제 절차 등을 상세히 규정하고 강의안과 강의 매뉴얼을 제공하고 있다. 코네티컷주는 직장 내 폭력 예방 커리큘럼(신규 근로자들의 건강 및 안전 커리큘럼)을 제공하고 있는데, 성희롱도 직장 내 폭력의 한 종류로 명시하고 있다.

코네티컷주 자료는 미국 버클리 노동산업보건프로그램(U.S. Berkeley Labor Occupational Health Program: LOHP)과 산업안전보건 매사추세츠 연합(Massachusetts Coalition for Occupational Safety and Health: MASSCOSH)인 산업안전보건청(Occupational Safety and Health: OSHA)에서 제작하여 보급한다. 성희롱은 위협적이며 적대적이고 불쾌한 근무 환경을 만드는 경우로서 근로자

의 노동권과 건강권을 침해하는 것임을 명확히 밝히고 있다.

펜실베이니아주는 교육 자료를 대상에 따라 제공하고 있으며, 강의안은 시간별 내용, 교육 방법, 사전 설문조사 등을 상세하게 제시하고 있다. 성희롱 예방 전략을 보면, 성희롱이 본인에게 일어나지 않은 경우에도 즉시 보고하도록 하고 성희롱에 관여한 사람은 물론, 알면서 묵인한 사람까지도 해고를 포함하는 징계 조치를 받을 수 있음을 명시함으로써, 성희롱은 개인의 문제가 아니며, 이를 해결하는 것은 조직의 의무임을 근로자들이 인식할 수 있도록 교육 방법을 제시하고 있다. 강의 매뉴얼은 강사가 소개해야 하는 내용과 강의 분위기, 강사의 어조 및 뉘앙스, 분 단위로 진행해야 할 내용을 매우 상세하게 규정하고 있는데, 마치 전자제품 설명서 수준으로 강의 매뉴얼을 그대로 따라하면 성희롱 예방교육 목적이 충분히 전달될 수 있을 정도이다.

펜실베니아주는 강의 전 설문조사를 하도록 하고 있다. 설문조사 내용은 성희롱이 불법인지, 가해자는 징계 대상인지, 본인이 괜찮다고 생각하면 성희롱이 성립되지 않는지, 본인이 무시하면 문제없는지, 성희롱을 다른 사람에게 이야기하는 것이 좋은 행동인지, 성희롱이 발생하지 않기 위해서는 모든 직원이 책임을 져야 하는지, 남자·동성 간에도 성희롱 피해자가 되는지, 성희롱은 근무 시간 내에서만 인정되는지, 문제 제기는 반드시 문서로 해야하는지, 법으로 피해자 보복을 금지하고 있는지 등이다. 교육 전

교육생의 성희롱에 대한 인식을 파악하고 교육생 특성을 반영하여 효과적인 교육을 진행할 수 있도록 제안하고 있다. 사전 설문조사는 사업장 특성과 근로자의 인식 수준을 파악하는 데 매우 효과적일 뿐 아니라, 성희롱의 중요한 개념을 근로자들이 사전에 인지할 수 있어 교육 효과를 높일 수 있는 방법이 될 수 있다.

주 정부는 토론을 강의 방법으로 규정하고 기업이 효과적으로 토론을 수행할 수 있는 매뉴얼을 제공하고 있다. 코네티컷주는 성희롱 피해 대상, 다양한 성희롱 유형, 성희롱 예방 전략, 인식 및 의사소통 차이, 합리적인 여성·남성의 개념 등에 대한 토론을 하도록 한다. 펜실베니아주에서 제공하는 강의안[32]에서도 동영상 사례를 보여준 후 토론을 하도록 하는데, 성희롱이 되는지, 성희롱이 아니라면 왜 그러한지, 성희롱 해결을 위한 정책이 무엇이며, 당신은 어떻게 하겠는지 여부를 토론하도록 한다. 3~4인 그룹을 만들어 피해자가 성희롱을 문제 제기하기 어려운 이유를 토론하도록 하여 문제 제기하기 어려운 요소, 절차상의 문제점 등을 피해자의 입장에서 이해하고 방안을 찾도록 제안하고 있다. 토론은 스스로 문제점을 인식하고 개선할 수 있는 해답을 스스로 찾을 수

---

[32] Commonwealth of Pennsylvania, "Sexual Harassment: Awareness and Prevention Training for Managers", 2014.
http://www.portal.state.pa.us/portal/server.pt

있다는 점에서 인식 변화와 더불어 궁극적으로 행동 변화까지 이끌어낼 수 있는 효과적인 교육 방법이다. 토론으로 성희롱 예방 전략을 이끌어내는 과정은 조직 구성원 간 신뢰 관계와 협력 관계를 구축하는 과정으로 볼 수 있다. 서로 이야기하고 반론하고 설득시키는 과정을 통하여 성희롱의 구조적인 상황을 이해할 수 있으며 상황이 놓인 본질을 파악할 수 있게 되는 것이다(프레이리, 2009). 신뢰 관계 속에서 구성원의 토론과 합의로 도출해낸 성희롱 예방 전략은 실천 가능하며, 매우 효과적일 것이라 예상할 수 있다.

또한, 코네티컷주는 토론뿐만 아니라 롤 플레잉과 모범 행동, 모방 훈련을 교육 방법으로 제시하여, 배우고 익힌 것을 행동으로 옮기게 하여 지식 측면뿐만 아니라 몸과 행동으로 교육을 인지할 수 있도록 하고 있다. 법 규정으로 교육 방법을 명시하고 기업이 효과적으로 실행할 수 있도록 구체적이고 상세히 설명하는 강의 매뉴얼을 제공하고 있다.

코네티컷주에서 제공하는 매뉴얼이 가장 세부적인데, 이 내용을 구체적으로 살펴보도록 하겠다. 직장 내 폭력 예방 커리큘럼에서는 2시간, 3시간 강의안을 제공하고 있다. 이 커리큘럼은 근로자의 건강과 안전을 위한 교육으로, 사업장 내에서 신체와 정신상 위험을 초래하는 폭력 예방 교육으로서 성희롱도 직장 내 폭력으로 명시하고 있다. 커리큘럼 내용은 120분 강의와 180분 강의 시

분당 어떤 교육을 하고 어떤 자료를 사용해야 하는지 [표 8], [표 9]
와 같이 매뉴얼로 제공하고 있다.

[표 8] 직장 내 폭력 예방 120분 강의 교육안[33]

활동(Activity)	시간	자료
직업상 보건 및 안전 소개 • 기본 규칙 • 왜 직업 안전 건강인가/사전 워크숍 평가	15분	
직장에서의 위해 요인 식별 사진상 문제점은 무엇인가	15분	• 위해 요인 유인물을 참고하십시오(ppt 1~4번).
직장에서의 해결책 피라미드게임	15분	• 플립차트와 펜 • 안전 피라미드(ppt 6번)
비디오 : 위험을 무릅쓸 가치가 있는 일입니까? 직장 내 폭력이란 무엇입니까? 위험에 처한 사람은 누구입니까?	25분	• 비디오 : 위험을 무릅쓸 가치가 있는 일입니까? • LCD 프로젝터
근로자 권리 소개 안내서 Q & A	10분	• 10대 근로자 권리 안내서 • 위험 보드
롤 플레이 : 직장 내 폭력 예방 직장 내 폭력 대처 연습	30분	• 플립차트와 펜 • 시나리오 유인물
요약 및 사후 워크숍 평가	10분	• 플립차트 • 백지
		총 120분

---

33 LOHP & MASSCOSH, "Preventing Violence in the Workplace, A Health
And Safety Curriculum For Young Workers LOHP", 2009. http://www.ctdol.
state.ct.us/youngworkersafety/workplaceviolence-curriculum.pdf, 3p, 〈Pre-
venting Violence in the Workplace〉을 기초로 필자가 재작성.

[표 9] 직장 내 폭력 예방 180분 강의 교육안[34]

활동(Activity)	시간	자료
직장 내 폭력 예방 소개 • 기본 규칙 • 왜 직업 안전, 건강인가/사전 워크숍 평가	15분	
직장에서의 위해 요인 식별 사진 상 문제점은 무엇인가	15분	• 위해 요인 유인물을 참고하십시오(ppt 1–4번).
위해 요인 지도 작성 (또는 안전 피라미드 게임 선택)	30분	• 플립차트 용지와 각 그룹을 위한 검정색, 빨간색, 파란색 펜 • 샘플 위해 요인 지도(ppt 5번)
직장에서의 해결책 피라미드 게임	15분	• 플립차트와 펜 • 안전 피라미드(ppt 6번)
안전 피라미드 (또는 위해 요인 지도 작성 선택)	30분	• 포스트잇 • 펜 • 이야기 삽화(ppt 7–15번)
비디오 : 위험을 무릅쓸 가치가 있는 일입니까? 직장 내 폭력이란 무엇입니까? 위험에 처한 사람은 누구입니까?	25분	• 비디오 : 위험을 무릅쓸 가치가 있는 일입니까? • LCD 프로젝터
근로자 권리 소개 위험 게임	30분	• 십대 근로자 권리 안내서 • 플립차트와 펜' • 위험 보드
롤 플레이–직장 내 폭력 예방 직장 내 폭력 대처 연습	40분	• 플립차트와 펜 • 시나리오 유인물 • WV 연속(ppt 16번)
요약 및 사후 워크숍 평가	10분	• 플립차트와 백지
		총 180분

---

34 [표 8]과 출처 같음.

제5장 미국의 성희롱 예방 체계 특징

커리큘럼에서는 분 단위로 어떤 내용, 어떤 방법, 어떤 자료로 교육을 실시할지를 매우 상세히 제시한다. 처음 15분 동안 강사 소개와 교육 목적 및 자세에 대해 설명한다. 5분은 강사 소개를 하고 다음 5분은 교육 기본 원칙으로 개인 취향을 존중하고 평정심을 유지하며, 한 명씩 발언권을 가지고 핸드폰을 사용하지 않으며 상대방 의견을 존중한다는 내용이다. 다음 5분은 왜 근로자의 안전과 건강을 사업장에서 교육하는지 교육 목적을 이야기하도록 권고한다. 교육 목적은 강사가 제안하는 목적 네 가지, 교육생들의 경험 이야기를 이끌어내는 질문 네 가지 등의 내용을 예시로 보여주고 있다. 사전 워크숍에서 그림과 그 해결책을 통하여 어떤 것이 위험한 요인인지 그룹별로 논의하도록 하며, 사전 워크숍 진행 시 강사의 유의점도 제시한다. 각 행동별 학습 목표를 제시하고 강사의 설명 방법도 설명하는데, 강사는 실화와 관련 있고, 현실적이며, 구체적인 내용을 설명해야 한다. 해결 방안에서는 개념을 설명하고 교육자에게 물어볼 질문을 사례별로 제공하고 있다.

교육 방법중 특이한 점은 게임을 활용하도록 하는 것이다. '안전 피라미드 게임'은 팀별 2,500달러를 획득할 때까지 여러 번 게임을 하는 것이다. 이 게임에서는 위험 요인을 예방했을 경우 회사가 재정적으로 이익을 얻을 수 있는 금액을 최대 2,500달러로 측정한 후 위해 요인 제거 1,000달러, 지침 및 절차 개선 1,000달러, 개인 보호 장비 착용 500달러로 게임을 하도록 한다. 근로자의 건강권과 안전이 기업의 생산성과 밀접한 영향을 미칠 뿐만 아니라, 사용자의 책임임을 인식할 수 있도록 하고 있다. 그리고 근로자의 권리와 노동법 주요 내용 그리고 이를 보장하는 정부기관을 근로자들이 효과적으로 익힐 수 있도록 '위험 게임'을 통해 설명하고 있다. 근로자에게 위 내용을 설명하고 있는 권리 안내서 책자를 5분 동안 보게 한 다음 3~5명씩 팀을 구성한 후 팀명을 정하고 주사위로 답변 순서를 정하고 정답을 맞추면 금액을 획득하는 게임으로 최종 점수가 높은 팀에게 상을 준다. 게임을 통하여 자연스럽게 근로자의 권리 노동법을 외울 수 있는 방법인 것이다.

그리고 '위험한 행동이 가치 있는 일인가?'라는 내용은 근로자의 건강과 안전을 보장하기 위한 방법을 설명한다. 사용자의 책임과 근로자의 의무를 제시하며, 이해를 돕기 위해 동영상을 활용한다. 비디오 상영 시 설명이 필요한 부분은 "비디오의 첫 번째 부분(1:30까지)을 틀어줍니다. 비디오를 정지하세요"라고 하면서, 설명해야 할 것, 교육자들이 생각할 것을 물어보도록 하고 내용을 명확하게 짚어준다. 직장 내 폭력에 대처하는 방법은 롤 플레잉 방법으로 이루어지고 유형으로 성희롱, 신체 폭력, 언어 폭력, 정서적 폭력 등을 제시한다. 각 사례별 롤 플레잉을 한 후 직장 내 폭력을 예방하기 위해 사용자가 취해야 할 조치, 교육 유형, 확립해야 하는 규칙, 개선해야 할 근로 환경에 대해 생각하도록 한 후 3~6명씩 그룹별로 시나리오를 시연하고 나서 의견과 아이디어를 토론하도록 한다. 그리고 마지막으로 교육 중 노동권, 관할 정부기관 등 중요한 내용을 질문하고 사용자의 의무와 구제 방법에 대한 내용을 기억할 수 있도록 한다. 구체적이고 상세한 매뉴얼을 제공하여, 교육의 내용을 정확하게 전달할 수 있으며, 롤 플레잉, 토론, 게임 등을 다양한 방법을 활용하여 교육함으로써, 피교육자들이 스스로 해답을 찾고 행동 변화를 이끌어낼 수 있을 것이다.

펜실베니아주의 강의 시간은 총 4시간이다. 시작 시각은 08：30으로 첫 휴식 시간은 10：30~10：45, 종료 시각은 12：30으로 제시하여 충분히 토론하고 성희롱 예방 취지에 맞게 진행될 수 있는 시간을 보장한다.

캘리포니아에서는 파워포인트 형식 강의안과 강의계획서[35]를 함께 제공하고 있는데, 강의 내용 중 궁금한 부분이 있으면 홈페이지에서 질의 응답이 가능하도록 안내한다. 캘리포니아주는 근로자들이 언제든지 성희롱 위험을 느끼거나 궁금증이 있을 경우 질의 응답이 가능하도록 접근성을 높여 성희롱을 예방하고 해결하기 위하여 노력하고 있음을 알 수 있다.

---

35 State of California, "DFEH, Preventing Sexual Harassment understanding the law", 2015.
Cadepartment Of Fair Employment And Hosing, Equal Rights 101 Lesson Plan
http://www.dfeh.ca.gov/Publications_StatLaws_SexHarrass.htm

6. 쉽게 찾을 수 있는 성희롱 정보

미국에서는 각 주의 성희롱 담당 부서를 손쉽게 찾을 수 있는데, 법령뿐만 아니라 행정정책 및 정부에서 제공하는 강의안에 부처 연락처와 홈페이지를 명시한다.[36] 행정기관에서 제공하는 자료 중 가장 눈에 띄는 것은 각 부처별 담당 부서 연락처를 매우 정확하게 표시하는 것이었다. 정부가 제공하는 법 규정, 교육 자료, 매뉴얼 등 대부분의 자료에 담당기관의 이메일, 홈페이지, 주소, 소셜 네트워크 서비스(Social Network Services/sites, SNS) 등을 명시하고 있다.[37] 누구나 궁금증이 있거나 문제 제기를 할 경우 쉽게

---

36 필자도 EEOC에서 제시한 메일 주소로 문의 사항을 보내었고 이에 대한 답변을 2일 내 받은 바 있다.

37 캘리포니아에서 제공하는 강의안에서는 담당 부서 연락처, 주소, 이메일, 홈페이지뿐만 아니라 유튜브, 페이스북, 인스타그램, 트위터 주소까지 명

제5장 미국의 성희롱 예방 체계 특징

접근할 수 있는 방법을 제시하는 것이다. 미국 정부는 소셜 네트워크 서비스를 통하여 상호 교류하고 문제점과 가치를 공유할 수 있도록 한다. 이는 정부가 이 문제를 책임지고 해결해줄 수 있을 거라는 가능성과 신뢰성을 담보하는 것이다.

그리고 홍순구의 한국과 미국 정부기관의 웹사이트 접근성 연구(2007)에 따르면 미국의 경우 장애인 및 노인 모두 공적 자원에 대한 공유가 가능하도록 웹사이트는 누구나 쉽게 이용하도록 법률로 제정되어 있고 실질적으로 접근성이 한국에 비하여 5배 용이한 것[38]으로 나타나, 미국의 경우 검색자의 관점에서 접근성을 고려하고 있음을 알 수 있다.

EEOC 홈페이지에서 'sexual harassment'를 검색창에 입력하면 이와 관련된 규정, 지침, 사례 및 정보가 25페이지까지 검색이 가능하여 다채로운 자료들을 볼 수 있다. 자세한 정보를 얻고 싶으면 검색을 통하여 충분한 자료를 손쉽게 얻을 수 있다. 뿐만 아니라, ON-Site Training을 통하여 기업 교육을 신청할 수 있고 지역의 세미나 정보도 얻을 수 있다. 성희롱 관련 자료를 충분히 제공하는 것은 대중들에게 성희롱이 중요한 문제이며, 해결되어야 할

시하여 누구나 손쉽게 접근 가능하도록 하고 있다.

[38] 홍순구(2007)에 따르면 한국 정부기관 웹사이트의 경우 전체적으로 22.1%의 접근성 오류율이 나왔으나, 미국의 경우 4.5%로 나타났다.

문제라는 인식을 줄 수 있다. 정부에서 누구에게나 성희롱과 관련한 충분한 자료를 제공하기 위하여 노력하고 있음을 알 수 있다.

7. 미국 성희롱 예방 체계가 우리에게 말하는 것

　미국의 경우 시민법 7편에서 성희롱과 인종, 피부색, 성별, 종
교, 출신 국가, 보호된 활동(protected activity), 연령, 장애로 인한
차별을 모두 고용상 차별로서 노동권을 침해하는 것이며, 불법 행
위임을 명시한다. 미국은 성희롱을 고용 차별로 간주하고, 성희
롱은 근로 조건에 해를 끼치는 고용 환경임을 전제하고 '노동권과
건강권'을 보장하기 위하여 성희롱 관련 규정 및 지침을 규정한
다. 직장 내 성희롱 문제를 고용 환경을 저해하는 노동권과 건강
권 문제로 보면, 성희롱이 발생하지 않는 고용 환경을 만들고 근
로자의 건강을 지키기 위해서는 어떻게 해야 하는지에 대한 고민
을 할 수 있고 성희롱을 예방하는 것에 집중하게 된다. 미국의 직
장 내 성희롱 관련 정책을 보면, 성희롱 발생 시 책임지는 대상을
분명히 하고 근로자의 권리를 분명하게 명시하고 있으며, 성희롱

해결 내용도 매우 구체적이다. 또한, 성희롱이 개인의 문제가 아닌 조직의 문제임을 인식하고 근로자 스스로 문제점을 찾고 개선을 위한 노력을 할 수 있도록 다양한 내용과 방법을 제시한다. 성희롱을 불법 행위로 규정하고 사용자에게 책임과 의무를 명확하게 규정하고 있으며, 사용자가 예방하고 해결할 수 있는 상세한 지침과 매뉴얼을 제공하고 이를 위반하였을 경우 무거운 책임을 지도록 하여 효과적으로 성희롱을 예방하고 해결하고 있다. 정부의 입법 후 관리 감독이 성희롱을 예방하고 효과적으로 해결할 수 있는 중요한 전제 조건이며, 노동 현장에서 실질적으로 활용할 수 있는 매뉴얼과 지침이 얼마나 중요한 역할을 하는지 우리에게 시사한다.

제6장

효과적인 성희롱 예방 체계, 어떻게 구축할 것인가?

1. 명확한 성희롱 개념과 관할 기관 일원화하기

　성희롱은 조직의 문제이며, 근로 조건에 영향을 미치고 근로 환경을 저해하는 노동권 침해 문제임에도 이를 법규상 명시하지 않음으로 인하여 성희롱 개념을 모호하게 만든다. 그리고 이러한 법규정은 성희롱을 예방하고 해결하여야 하는 사회적 합의와 설득력을 이끌어내지 못한다. 따라서 성희롱 개념을 명확하게 하기 위하여 성희롱 정의가 보완될 필요가 있다.

　성희롱이란 "사업주·상급자 또는 근로자(국가기관, 지방자치단체, 공공단체, 학교의 종사자 포함)가 직장 내의 지위를 이용하거나 업무와 관련하여 성적 언동 등으로 성적 굴욕감 또는 혐오감을 느끼게 하거나 적대적인 고용 환경을 조성하고 성적 언동 또는 그 밖의 요구 등에 따르지 아니하였다는 이유로 근로 조건 등 고용에서 불이익을 주는 것"을 말한다. 이러한 내용으로 노동권 보호 관점을 명확하게 할 필요가 있다.

그리고 고용노동부, 여성가족부, 국가인권위에서 현재 성희롱 관련 규정을 법제화하고 각 행정부처에 따라 성희롱에 대한 관점과 판단이 달라짐에 따라 성희롱 개념을 모호하게 만들고 있다. 성희롱은 노동권 침해이며 고용 환경의 문제이다. 그리고 사용자에게 성희롱을 예방하고 해결해야 하는 책임과 의무가 있다는 점에서, 성희롱 문제는 고용노동부를 주무 부처로 하여 행정적 관할에 대한 정비가 필요할 것으로 본다. 국가인권위원회법의 경우 공무원(가해자)의 제3자(피해자)에 대한 성희롱까지 포함하고 있는데, 사용자 책임을 사업장에서 발생하는 제3자(피해자)의 성희롱까지 확대하여 사용자의 안전하고 쾌적한 사업장 및 고용 환경 조성 의무 범위를 확대할 필요가 있다. 효과적으로 성희롱을 예방하기 위하여 주장하는 개정 법안은 부록으로 [표 10]에서 제시하고 있다.

2. 사용자의 성희롱 의무 및 책임 강화하기

사용자는 성희롱을 예방하고 해결해야 하는 주요한 의무와 책임을 진다. 그러나 현재 사용자의 성희롱 예방과 관련하여 교육의무만 규정하고 있다. 예방 교육만으로 성희롱이 발생하지 않는 고용 환경을 조성하기에는 한계가 있으므로 구체적인 내용을 규정할 필요가 있다. 사용자는 근로자에게 성희롱을 어떻게 예방하고 해결할지에 대한 명확한 내용을 알려주어야 한다. 따라서 법규상 사용자가 근로자에게 성희롱 개념, 구제 절차, 직장 내 성희롱 관련 규정, 가해자 징계 내용을 고지하도록 하는 것이 바람직하다. 최저임금 게시 의무[1]처럼 노동부가 제공한 성희롱 관련 자료

---

1 최저임금법 제11조에서는 최저임금을 근로자가 쉽게 볼 수 있는 장소에 게시하거나 적당한 방법으로 근로자에게 주지시키도록 하고 있으며, 고용

를 사업장 내에 고지하고 게시하도록 의무화하는 것이 필요하다. 사업주의 성희롱 내용 게시 의무는 영세한 사업장이나, 인사 담당 기관이 없는 사업장에 효과가 있을 것이다. 30인 미만 사업장이나 영세한 사업장은 인사 담당자를 두기 어려우므로 정부는 영세한 사업장이 활용할 수 있는 자료를 제공하여야 할 것이다.

그리고 우리나라 성희롱 사건 특성을 보면 공식적인 문제 제기 후 발생하는 2차 피해가 심각한 상황이다. 따라서 성희롱 발생 시 가해자 징계와 피해자 고용상 불이익 금지 조항뿐만 아니라, 성희롱 해결 후 개선 조치를 의무화하여 '피해자 2차 피해 예방 및 성희롱 재발 방지'의 방법이 필요할 것이다.

현재 사용자가 성희롱 예방 교육을 준수하지 않거나, 성희롱 발생 시 적절한 조치를 하지 않았을 때 과태료 및 형사처벌 내용이 너무 경미하다. 사용자 책임을 강화하기 위해서는 징벌적 손해배상 제도 도입을 적극적으로 고려할 필요가 있다. 사용자의 의무를 이행하지 않았을 때 무거운 책임을 지도록 하는 것으로 문제를 해결하는 효과뿐만 아니라 책임의 예측 가능성으로 인하여 성희롱을 예방하는 효과를 기대할 수 있다.

노동부는 매년 최저임금 게시 자료를 제공하고 있다.

3. 필수 교육 내용·방법 지정 및 점검 강화하기

현재 성희롱 예방 교육을 의무화하고 있으나, 교육의 질을 점검할 수 있는 수단이 전혀 없는 상황이다. 성희롱 예방 교육은 성희롱을 예방할 수 있는 핵심적인 방법이다. 교육을 통하여 조직 구성원의 인식을 바꾸고 조직을 변화시킬 수 있다는 점에서 매우 중요한 역할을 한다. 하지만 현재 법규상 규정된 교육 내용은 '예방'보다는 '해결'에 중심을 두고 있고 포괄적인 내용으로 구성되어 있어, 효과적인 예방 교육이 이루어지기 위해서는 개선이 필요하다. 직장 내 차별 요인을 변화시키기 위해서는 교육 내용에 '성희롱 발생 원인 및 성희롱 개념', '고용상 차별과 조직 문화', '직장 내 성희롱을 예방하기 위한 전략'을 추가할 것을 제안한다.

현재 성희롱 예방 교육 방법과 관련해서는 위탁 기관의 교육 시간을 1시간 이상 운영하도록 규정한 것 외에 다른 내용이 없어 교육 효과를 기대하기 어렵다. 따라서 효과적인 예방 교육이 이루어지기 위해서는 교육 방법이 '예방 취지'에 맞게 구체화될 필요가 있다. 성희롱 예방 교육은 조직의 변화를 이끌어내는 교육이므로 구성원들의 인식을 바꿀 수 있는 효과적인 교육 방법이 필요하며, 대표적인 방법이 토론이라고 할 수 있다. 따라서 구성원이 성희롱 문제를 스스로 인지하고 이를 개선할 수 있는 방안을 이끌어낼 수 있도록 '성희롱 발생 원인', '성희롱 발생 시 예상되는 피해 내용', '성희롱을 예방하기 위한 전략' 등의 내용으로 토론이 이루어질 수 있도록 교육 내용을 구성할 것을 제안한다.

위와 같은 교육 내용이 효과적으로 이루어지기 위해서는 장소적 시간적 요건이 충족되어야 한다. 따라서 교육은 연 2시간 이상 이루어지도록 하며, 교육은 1회당 50명을 초과할 수 없도록 하는 것이 바람직할 것이다. 그리고 대면 교육이 온라인 교육보다 효과가 크기 때문에 온라인 교육이 2년 연속 이루어지는 것을 제한하고 반드시 강사에 의한 대면 교육을 실시하도록 의무화하는 것이 필요하다.

현재, 10인 미만 사업장과 동성 근로자로 이루어진 사업장의 경우에는 단순히 교육 자료 및 홍보물을 배포하는 것으로 교육을 인정하고 있는데, 10인 미만 사업장과 동성 근로자 사업장이 성희롱 발생 위험에서 더 안전하다고 볼 수는 없으므로 대면 교육이 이루어지도록 하는 것이 바람직하고 영세한 사업장에 대한 지원이 확대되도록 하여야 할 것이다. 그리고 성희롱 예방 교육이 효과적으로 이루어질 수 있도록 행정기관 점검을 의무화하는 등 성희롱 점검 및 관리 시스템이 구축될 수 있는 법적 근거를 마련할 필요가 있다.

4. 강사와 강사 양성 기관의 전문성 담보하기

성희롱 예방 교육 강사는 성희롱에 대한 정확한 내용을 전달함과 동시에 조직 구성원의 인식을 바꾸고 조직변화를 이끌어낼 수 있는 역할을 하는 자로서 효과적인 성희롱 예방 교육의 필수적인 요소이다. 하지만, 현재 강사와 관련하여 실질적인 제한이 없음에 따라 전문성을 갖추지 못한 강사에 의하여 성희롱에 대한 잘못된 편견과 관행이 유지 강화되는 경우도 있다. 따라서 강사의 전문성을 담보할 수 있는 방안이 필요하다. 교육 위탁 기관은 반드시 강사 양성 과정을 이수한 강사를 보유하고 있어야 한다. 강사 변동 사항이 있을 경우 즉시 변경 내용을 반영하여야 하며, 강사를 보유하지 않을 경우 즉시 위탁 기관 지정을 취소하여야 할 것이다.

강사는 반드시 행정기관에서 지정한 강사 양성 과정을 이수하여야 한다. 법률 전문가, 여성학·사회학·법학 등 학위 소지자,

성희롱 관련 업무 경력이 있는 자 등, 일정 부분 전문 지식을 갖추었다고 볼 수 있는 경우에는 고용노동부에서 지정한 강사 양성 과정 중 일부를 이수하면 강의 자격을 부여하도록 하고, 2년마다 보수교육을 실시하며, 보수교육을 받지 않을 경우 과태료 또는 강사 자격을 취소하는 제재 내용이 필요할 것이다.

그리고 전문성을 담보하고 성희롱에 대한 명확한 인지력을 갖출 수 있는 강사를 양성하기 위해서는 강사 양성 기관에서 이루어지는 교육 및 운영 관련 규정이 제정되어야 할 것이다. 현재 정부에서 관리하는 강사 양성 과정이 부족하므로, 강사 양성 과정의 확대가 필요하다. 그리고 비폭력 운동 등 전문성을 갖추었다고 볼 수 있는 경우 일정한 요건에 따라 위탁 운영하도록 하는 것도 하나의 방법이 될 수 있을 것이다. 성희롱 예방 교육의 목적은 성희롱이 발생하지 않는 환경을 조성하는 것이다. 그러기 위해서는 성별화된 노동 환경에 균열을 내는 작업이 필요하다. 성희롱 발생 원인을 분석하고 해체할 수 있는 강사의 전문성을 담보하기 위해서는 강사 양성 과정의 50%가 우리나라의 성별화된 섹슈얼리티와 성문화를 인지하고 분석하는 데 분배되어야 할 것이다. 강사 양성 기관은 성희롱 예방 교육의 필요성, 성희롱의 개념, 성희롱이 발생하는 원인, 직접 차별 및 간접 차별, 성인지적 관점, 한국의 성문화 및 조직 문화, 사내 구제 절차, 행정기관을 통한 구제 절차, 성희롱을 예방할 수 있는 전략 도출, 강의 방법, 기타 성희롱 예방과 해결을 위한 내용 등으로 구성되어야 하고 강사의 전문성을 점검할 수 있는 충분한 시간이 보장되어야 할 것이다. 강사의 전문성이 보장되기 위해서는 지속적인 교육 및 관리가 이루어져야 할 것이다.

5. 성희롱 관련 행정 강화하기

성희롱이 효과적으로 해결되기 위해서는 성희롱 사건의 실태 조사, 성희롱 관련 다양한 연구가 활발히 이루어져야 할 것이다. 성희롱 사건 사례집은 성희롱 사건 유형, 당사자 관계, 업종 및 규모뿐만 아니라 성희롱 사건이 발생하는 다양한 맥락과 상황을 분석함으로써 성희롱을 해결할 대안을 마련할 수 있다는 점에서 매우 중요한 역할을 한다. 현재 국가인권위원회에서 제공하는 사례집이 유일한 자료이며, 고용노동부에서는 성희롱 관련 연구가 활발히 이루어지고 있지 않다. 따라서 정부는 매년 성희롱 관련 실태 조사 및 연구 의무를 부여할 것을 제안한다.

성희롱 예방 교육의 중요성은 아무리 강조하여도 지나치지 않다. 성희롱 예방 교육은 강사의 역량에 따라 달라질 수 있지만, 공통적으로 분명하게 전달되어야 하는 내용이 있다. 이를 담보하기 위하여 정부는 활용 가능한 성희롱 예방 교육 강의안과 매뉴얼을 제공하여야 한다. 현재 정부에서 제공하는 강의안은 법 규정을 그대로 옮기거나, 성희롱을 예방하고 해결할 수 있는 구체적인 내용을 충분히 담고 있지 못하고 선언적인 설명에 불과하여 그 효과를 기대하기 어렵다. 따라서 성희롱 개념, 성희롱 발생 원인, 기업 내 예방 전략, 사후 구제 방안을 명확하게 전달할 수 있으며, 누가 교육하더라도 공통적인 내용을 전달 할 수 있는 활용 가능한 예방 교육 강의안과 강사의 자세 및 다양한 교육 방법을 상세히 설명하는 매뉴얼이 필요하다. 또한, 효과적인 강의안 및 매뉴얼은 기업 특성, 규모, 업종을 반영하고 근로자, 관리자, 인사 담당자 등 대상별 특성을 반영할 수 있어야 할 것이다.

성희롱 예방 교육의 내용은 성희롱이 고용 차별의 한 유형으로 노동권의 침해이며, 근로 환경의 문제임을 인지할 수 있도록 개념을 명확히 전달하여야 한다. 그리고 사업주의 의무와 책임을 정확히 명시하여야 한다. 성희롱이 발생하는 다양한 맥락과 상황에 대한 문제 제기와 성희롱 판단 시 '고용 환경'을 볼 수 있는 관점을 반영하여야 한다. 효과적인 예방 전략을 제시하고 성희롱 발생 시 기업과 피해자 모두 활용 가능하고 실용적인 강의안과 매뉴얼을 제공하여야 할 것이다.

그리고 이러한 정보를 누구든지 쉽게 접할 수 있도록 홍보와 배포 노력도 필요하며, 누구나 성희롱에 대한 궁금증과 문의 사항이 있으면 정부와 소통할 수 있는 수단이 제공되어야 할 것이다. 현재 정부기관 홈페이지에서 알 수 있는, 성희롱과 관련하여 문의하고 상담할 수 있는 방법은 정식 질의와 전화 상담이다. 하지만 성희롱과 관련한 편견과 관행이 유지되는 상황에서 본인을 공개하며 질의하고 전화 상담을 하는 것은 피해자나 기업 입장에서 어려울 수 있다. 현재 정부에서는 애플리케이션, SNS 등 다양한 소통 수단을 보유하고 있음에도 이에 대한 충분한 홍보가 되지 않아 이용률이 저조한 상황이다. 누구나 성희롱 관련 문의 사항이 있으면 쉽게 상담할 수 있고 익명성을 보장받을 수 있는 이메일 등 다양한 매체의 활용 방안을 강구할 필요가 있다.

그리고 필자가 제안하는 예방 체계를 구축할 수 있는 법률 개정안은 부록에서 제시한 [표 10]과 같다.

6. 성희롱 관련 다양한 담론의 장 활성화하기

성희롱은 법적 정비와 동시에 권력·위력 관계, 사회 구조적으로 요구되는 젠더 작동 틀 등 다양한 원인으로 발생하므로 성희롱 발생 원인에 대한 다양한 분석과 해석이 이루어져야 한다. 법제도만으로 성희롱 발생 원인인 성별화된 노동 환경을 균열시키고 해체하는 작업은 불가능하며, 사회문화의 변화가 함께 이루어져야 한다. 성희롱 관련 논의는 서울대 신 교수 사건 후 성희롱 관련법이 제정되기까지 매우 뜨거웠으나, 법이 제정된 후에는 오히려 관련 논의가 사라진 상황이다. 성희롱이 발생하는 다양한 맥락과 상황을 분석하지 못하고 법적으로 필요한 부분만 취사선택하는 것은 위험하며, 사회적인 합의 없이 법이 적용된다면 오히려 반발감과 역효과가 발생할 수 있다. 법을 따라가더라도 반드시 연구자와 시민들의 토론의 장이 열려 성희롱과 관련된 다양한 담론을 해체하고 재구성하는 작업이 반드시 필요하다(권김현영, 2014).[2] 따라서 성희롱과 관련된 다양한 담론이 활발히 형성될 수 있는 장이 마련되어야 한다. 최근 'ME, TOO 운동'으로 나오는 다양한 담론들은 우리 사회의 성에 대한 인식과 관점을 드러내고 문제 제기하며, 개선 방향을 논의한다는 점에서 매우 의미가 크다. 이러한 담론의 장이 지속적으로 활발히 이루어지는 것이 필요하다. 그러기 위해서는 연구자와 활동가들의 활발한 연구와 운동 그리고 연대가 필요할 것이다.

필자는 성희롱이 직장 내 고용 환경의 문제이고 성희롱 해결의 주 책임자는 사용자라는 점에서 성희롱 사건을 '사업장 이름'으로 명하는 운동을 제안한다. 성희롱 사건은 피해자 이름으로 명하는 것에서 가해자 이름으로 변경되었으나, 피해자 가해자 이름으로 사건을 명할 경우 '그 이름'이 성희롱 문제의 책임자가 되도록 만든다. 따라서 사업장 이름으로 사건을 부르게 되면 사용자 책임이 더 가시화될 수 있고 '사업장의 문제'라는 담론이 형성될 수 있으며, 이는 대중의 인식을 변화시킬 수 있는 방안이 될 수 있을 것이다.

그리고 필자가 제안하는 효과적인 예방 체계를 이해하기 위한 조직도는 아래 [그림 1]과 같다.

2　2014년 권김현영의 한국의 성문화 강의 내용.

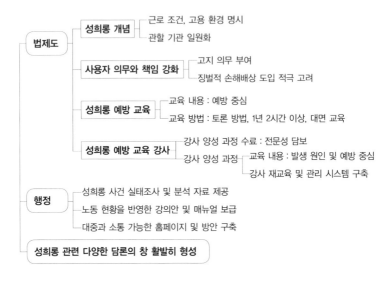

[그림 1] 효과적인 성희롱 예방 교육 체계 조직도[3]

법제도
- 성희롱 개념 ─ 근로 조건, 고용 환경 명시 / 관할 기관 일원화
- 사용자 의무와 책임 강화 ─ 고지 의무 부여 / 징벌적 손해배상 도입 적극 고려
- 성희롱 예방 교육 ─ 교육 내용 : 예방 중심 / 교육 방법 : 토론 방법, 1년 2시간 이상, 대면 교육
- 성희롱 예방 교육 강사 ─ 강사 양성 과정 수료 : 전문성 담보 / 강사 양성 과정 ─ 교육 내용 : 발생 원인 및 예방 중심 / 강사 재교육 및 관리 시스템 구축

행정
- 성희롱 사건 실태조사 및 분석 자료 제공
- 노동 현황을 반영한 강의안 및 매뉴얼 보급
- 대중과 소통 가능한 홈페이지 및 방안 구축

성희롱 관련 다양한 담론의 창 활발히 형성

---

3 필자가 제시한 성희롱 예방 체계 내용을 기초로 필자 작성.

제6장 효과적인 성희롱 예방 체계, 어떻게 구축할 것인가?

제7장

결 론

직장 내 성희롱 관련 법이 제정된 지 20년이 지났음에도 성희롱 개념은 모호하고 성희롱에 대한 문제 제기와 피해자 보호 관점에서 성희롱 문제 해결이 쉽지 않다. 여전히 성희롱은 직장에서 만연히 발생하고 있으며, 성희롱을 둘러싼 편견과 관행이 유지되고 있는 상황에서 필자는 성희롱 문제를 해결하기 위한 효과적인 방안은 무엇인가를 주요 물음으로 하여 이 연구를 시작하게 되었다.

직장 내 성희롱은 성폭력의 한 유형이고 성희롱이 발생하는 근본적인 원인은 성별화된 성문화로 성폭력과 동일하다. 그러나 직장 내 성희롱 문제는 일반 성폭력 사건과 달리 근로자의 생계와 생존을 위해 근로 관계로 종속되는 특수성을 가진다는 점에서 노동권 관점에서 논의될 필요가 있다. 성희롱은 직장 내 위계 · 권력 관계로 발생하는 고용상 차별이며, 근로 조건을 저해하고 적대적인 고용 환경을 조성하는 것으로 근로자의 노동권과 건강권을 침해하는 문제이다. 사용자는 근로 계약을 체결함으로써 근로자에게 안전하고 쾌적한 근로 환경을 제공할 의무를 가지므로 성희롱을 예방하고 해결해야 하는 주요한 책임 주체가 된다.

성희롱이 발생한 후 문제를 해결하는 사후적 구제 방법은 성희롱에 관한 편견과 관행이 유지되는 상황에서 피해자의 노동권과 건강권을 보호하기 어렵다. 사용자의 책임을 묻기 힘들고 성희롱이 발생하는 고용 환경을 가시화하기 어렵다는 점에서 성희롱을 예방하고 해결하는 데 한계가 있다. 따라서 성희롱 문제를 해결하는 궁극적인 방법은 성희롱에 대한 인식을 개선할 수 있는 '예방'이라 할 수 있다. 성희롱을 예방하기 위해서는 성희롱 개념을 법규로 명확하게 규정하고, 사용자에게 무거운 책임과 의무를 부여하며, 성희롱 예방과 해결 방안이 교육 내용으로 구체적으로 명시되어야 하고 법 실행을 담보하기 위하여 행정 내용도 구체성을 가져야 한다. 즉, 성희롱 예방 체계가 효과적으로 구축되어야 한다.

우리나라 성희롱 현황에 따르면 성희롱은 모호하고 중요하지 않은 개념으로 노동 현장에서 치부되어 성희롱에 대한 문제 제기가 어려운 상황이다. 우리나라의 예방 체계를 보면 다음과 같은 문제점을 가진다.

첫째, 성희롱 개념이 모호하다. 성희롱 규정을 목적이 다른 고용노동부, 여성가족부, 국가인권위에서 각각 관할함으로써 성희롱에 대한 판단 내용이 달라진다. 그리고 성희롱의 정의에서 '피해자의 성적 굴욕감과 혐오감'을 요건으로 명시함에 따라, 성희롱이 노동권을 침해하고 고용 환경을 저해하는 위법 행위라는 점보다는 '불쾌한 감정'으로 가볍게 여겨지고, 피해자 마음대로 성희롱이 성립한다는 인식을 가지게 만든다.

둘째, 사용자의 책임과 의무가 가볍다. 현재 남녀고용평등법은 사용자를 성희롱 예방 및 해결 책임자로 명시하고 있다. 사용자는 예방 교육을 연 1회 이상 운영하고 성희롱 발생 시 적절한 조치를 하도록 규정하고 있으나, 적절한 조치 범위를 규정하지 않음에 따라 효과적인 해결을 기대하기 힘들다. 2018년 5월 29일부터 적용되는 개정 남녀고용평등과일가정양립에관한법률에서는 사용자의 적절한 조치에 대하여 상세히 규정하고 있어,[1] 개정된 법률이 노동 현장에 효과적으로 작용하기를 바란다.

셋째, 성희롱 예방 교육을 관리·감독하는 시스템을 갖추고 있지 않다. 법에서 명시하고 있는 교육 내용은 예방보다 사후 구제에 중점을 두고 있다. 고용노동부가 성희롱 예방 교육 관리 감독 시스템을 갖추고 있지 않음에 따라 성희롱 예방 교육이 실시되지 않는 경우도 많으며, 교육이 금융 및 보험의 홍보 상품으로 활용

---

1 남녀고용평등과일가정양립지원에관한법률 제14조(직장내성희롱발생시 조치)—2018년 5월 29일 적용(2017년 11월 28일 공표).

되는 경우도 있다.

넷째, 성희롱 예방 교육 강사 자격 및 제한이 없다. 현재, 고용노동부에서 인증한 위탁 기관에 소속된 강사의 경우 강사 양성 과정을 이수하도록 하고 있지만, 실질적인 강사 요건 제한이 없는 상황이다. 따라서 강사의 전문성 담보가 어렵기 때문에 성희롱 예방 교육 효과를 기대하기 어렵다. 현재 강사 양성 기관 운영과 관련하여 아무런 규정이 없어 기관에 따라 강사 양성 과정이 천차만별로 운영되고, 성희롱을 둘러싼 잘못된 편견과 관행이 유지 강화되는 경우도 있었다.

다섯째, 정부에서 제공하는 강의안과 매뉴얼은 그 실효성과 접근성이 낮다. 자료에서 제공하는 성희롱 개념 및 사례는 도식화된 내용으로 설명하고 있어, 성희롱이 발생하는 맥락과 상황은 보기 어려웠다. 그리고 '피해자가 되지 않으려면' 혹은 '가해자가 되지 않으려면' 등의 방식으로 대안을 제시하여 성희롱을 개인의 문제로 인식할 위험이 있고 구제 내용은 포괄적이고 선언적이다. 또한, 고용노동부, 여성가족부, 국가인권위원회 홈페이지에서 성희롱 관련 문의 내용이 있을 경우 질의 또는 전화 상담 등의 방법만 안내하고 있어, 국민과 정부 간 상호 소통할 수 있는 방법이 제한되고 있음을 알 수 있다.

반면, 미국의 성희롱 예방 체계는 우리나라와 달리 다음과 같은 특징을 가진다. 성희롱 개념을 노동권 보호 관점으로 접근하고 근로자의 근로 조건을 저해하고 적대적인 고용 환경을 조성하는 것으로 분명히 밝힘으로써 성희롱을 예방하고 해결해야 하는 사회적 합의를 이끌어내고 있다. 그리고 사용자에게 무거운 책임과 의무를 부여하고 있다. 사용자는 성희롱이 발생하였을 경우 합리적인 주의 의무를 하여야 하며, 피해자가 본인의 잘못으로 사내 구제 절차를 다하지 못한 경우를 제외하고는 사용자가 대리 책임을 지도록 하고 있다. 또한, 법제도에서 성희롱 관련 구체적인 예방 내용과 방법을 명시하고 있다. 성희롱을 해결하는 것은 단순히 사건이 완료되는 것에 그치는 것이 아니라 앞으로 성희롱이 발생하지 않는 고용 환경을 조성하는 수준까지 되도록 하고 있다. 그리고 정부는 구체적이고 활용 가능한 강의안 및 매뉴얼을 제공하고 있으며, 여기에는 누구나 접근하기 쉽다.

즉, 미국의 성희롱 예방 체계는 성희롱을 노동권 침해로 규정하고 사용자에게 보다 무거운 책임과 의무를 부여하며, 성희롱 예방 및 해결에 대한 법제도및 행정 내용 등이 상세하게 제공되어 효과적인 기능을 하고 있다. 따라서 우리나라의 성희롱 예방 체계가 효과적으로 구축되기 위해서는 아래와 같은 개선 방향성이 제시된다.

첫째, 명확한 성희롱 개념과 성희롱 관할 기관의 일원화가 필요하다. 성희롱이 노동권 침해이고 고용 환경의 문제임을 명확히 하며 성희롱을 효과적으로 관할할 수 있도록 성희롱 관련 내용은 고용노동부를 주무 부처로 하여 행정적 관할에 대한 정비가 필요할 것으로 본다.

둘째, 사용자의 성희롱 예방 및 해결 의무와 책임을 강화하여야 한다. 사용자는 근로자에게 안전하고 쾌적한 환경을 제공하기 위하여 성희롱을 어떻게 예방하고 해결할지에 대한 구체적이고 명확한 내용을 고지하여야 한다. 징벌적 손해배상 도입을 적극적으로 고려하여 사용자의 책임 수준을 강화하여야 할 것이다. 2018년 5월 29일 적용되는 남녀고용평등과일가정양립지원에관한법률에서는 사용자 의무와 책임을 강화되도록 개정되어 그 효과가 기대되고 있다.

셋째, 성희롱 예방 교육 내용과 방법을 구체화하고 점검을 강화하여야 한다. 성희롱 예방 교육 내용이 '예방'에 중점을 둘 수 있도록 하며, 교육은 연 2시간 이상 이루어지도록 한다. 전문 강사에 의한 교육이 보장되며, 토론 등 교육생이 참여할 수 있는 방법이 법 규정으로 명시되어야 할 것이다. 그리고 관할 기관은 매년 성희롱 관련 내용을 관리 · 점검하여야 한다.

넷째, 성희롱 예방 교육 강사는 전문성을 갖추어야 하며, 강사는 반드시 정부에서 인정하는 강사 양성 기관의 교육을 이수하여야 한다. 그리고 정부가 관리하는 강사 양성 과정은 확대되어야 하고 교육 내용은 성별화된 노동 환경에 균열을 일으킬 수 있도록 전문성을 갖추어야 하며, 절차, 기간, 보수교육 등을 규정하여 강사 양성 기관을 관리 감독할 수 있는 시스템이 구축되어야 한다.

다섯째, 정부는 성희롱 관련 조사 및 연구를 제공하여야 하고 누구나 활용할 수 있는 자료를 제공하여야 한다. 기업, 교육 대상자, 업종 특성을 반영한 효과적인 자료를 제공한다.

여섯째, 법제도만으로 성희롱 문제를 해결하는 데 한계가 있으므로 성희롱과 관련된 다양한 담론의 장이 형성될 수 있어야 하고 사용자 책임 담론을 생산하기 위하여 성희롱 사건을 '사업장 이름으로 부르기' 운동을 제안한다.

지금까지 성희롱 문제를 해결하기 위하여 예방 체계를 중심으로 우리나라의 문제점과 미국의 특징을 살펴보고 효과적인 예방 체계 구축 방안을 검토하였다. 이 책은 성희롱이 효과적으로 예방되기 위해서 성희롱 예방 체계에 대한 법제도및 행정 기반의 개선 필요성을 살펴보았다는 점에서 의미가 있을 것이다.

성희롱 문제가 해결되기 위해서는 법제도적인 조건과 사회적인 조건이 모두 변화하여야 한다. 성희롱이 발생하는 성별화된 정치 · 사회 구조적인 측면, 조직 내에서 유지되고 강화되는 성별화된 섹슈얼리티에 대한 분석이 반드시 필요하다. 사회적인 조건이 충족되지 않은 상태에서 법제도만 강화할 경우 오히려 사회적인 반감 등 부정적인 효과가 있을 수 있다.

이 책은 사회적인 조건을 적극적으로 분석하지 못하였다는 면에서 한계가 있다. 이 책이 성희롱을 효과적으로 해결하기 위한 방안을 예방 체계로 제시함으로써 사회적인 조건을 변화시킬 수 있는 단초가 되기를 기대하며, 앞으로 성희롱 관련 예방 체계 개선과 성희롱을 둘러싼 다양한 담론의 장이 활발히 열리기를 기대한다.

관련 법률 개정안 대조표

[표 10] 법률 개정안 대조표

법률	현행 법 (18.05.29 시행 전)	필자 제안 내용 (2016.02 제안)	개정법 (18.05.29 시행)
남녀 고용 평등과 일·가정 양립 지원에 관한 법률	제2조 2 "직장 내 성희롱"이란 사업주·상급자 또는 근로자가 직장 내의 지위를 이용하거나 업무와 관련하여 다른 근로자에게 성적 언동 등으로 성적 굴욕감 또는 혐오감을 느끼게 하거나 성적 언동 또는 그 밖의 요구 등에 따르지 아니하였다는 이유로 고용에서 불이익을 주는 것을 말한다.	제2조 2 "직장 내 성희롱"이란 사업주·상급자 또는 근로자(국가기관, 지방자치단체, 공공단체, 학교의 종사자 포함)가 직장 내의 지위를 이용하거나 업무와 관련하여 다른 근로자에게(삭제) 성적 언동 등으로 성적 굴욕감 또는 혐오감을 느끼게 하거나 적대적인 고용 환경을 조성하고 성적 언동 또는 그 밖의 요구 등에 따르지 아니하였다는 이유로 근로조건 등 고용에서 불이익을 주는 것을 말한다.	2 ----------------------- ----------------------- ----------------------- ----------------------- ----------------------- ----------------------- ----------------------- ----------------------- ----------------------- ----------------------- ----------------------- - - - 근로조건 및 고용- - - ---------
	제12조(직장 내 성희롱의 금지) 사업주, 상급자 또는 근로자는 직장 내 성희롱을 하여서는 아니 된다.	제12조(직장 내 성희롱의 금지) 사업주, 상급자 또는 근로자(국가기관, 지방자치단체, 공공단체, 학교의 종사자 포함)는 직장 내 성희롱을 하여서는 아니 된다. 제12조의 2(사용자의 고지 의무) ① 사용자는 근로 계약을 체결할 때에 근로자에게 다음 각 호의 사항을 서면으로 고지하여야 한다. 1. 성희롱 개념 2. 고충처리 담당자 및 고충처리 절차 3. 직장 내 성희롱 관련 규정 4. 성희롱 가해자 징계 범위 ② 사용자는 직장 내 성희롱 예방을 위한 필요한 내용을 사업장 내 게시하여야 한다. ③ 제2항에 따른 고충처리 절차·성희롱 가해자 징계 범위 등과 제3항에 따른 필요한 내용은 노동부 장관이 제공하여야 한다. ④ 사용자는 성희롱을 예방하고 쾌적하고 안전한 고용 환경을 만들기 위한 필요한 조치를 하여야 한다.	

남녀 고용 평등과 일·가정 양립 지원에 관한 법률	제13조(직장 내 성희롱 예방 교육) ① 사업주는 직장 내 성희롱을 예방하고 근로자가 안전한 근로 환경에서 일할 수 있는 여건을 조성하기 위하여 직장 내 성희롱의 예방을 위한 교육(이하 "성희롱 예방 교육"이라 한다)을 실시하여야 한다. ③ 제1항 및 제2항에 따른 성희롱 예방 교육의 내용·방법 및 횟수 등에 관하여 필요한 사항은 대통령령으로 정한다.		제13조(직장 내 성희롱 예방 교육 등) ① - 한다)을 매년 - - - - - -. ③ 사업주는 성희롱 예방 교육의 내용을 근로자가 자유롭게 열람할 수 있는 장소에 항상 게시하거나 갖추어 두어 근로자에게 널리 알려야 한다. ④ 〈신설〉 사업주는 고용노동부령으로 정하는 기준에 따라 직장 내 성희롱 예방 및 금지를 위한 조치를 하여야 한다. ⑤ 〈신설〉 제1항 및 제2항에 따른 성희롱 예방 교육의 내용·방법 및 횟수 등에 관하여 필요한 사항은 대통령령으로 정한다.
	제13조의 2(성희롱 예방 교육의 위탁) ④ 고용노동부 장관은 성희롱 예방 교육기관이 다음 각 호의 어느 하나에 해당하면 그 지정을 취소할 수 있다. 1. 거짓이나 그 밖의 부정한 방법으로 지정을 받은 경우 2. 정당한 사유 없이 제2항에 따른 강사를 6개월 이상 계속하여 두지 아니한 경우	제13조의 2(성희롱 예방 교육의 위탁) ④ 고용노동부 장관은 성희롱 예방 교육기관이 다음 각 호의 어느 하나에 해당하면 그 지정을 취소할 수 있다. 1. 거짓이나 그 밖의 부정한 방법으로 지정을 받은 경우 2. 제2항에 따른 강사를 두지 아니한 경우 3. 2년 동안 성희롱 예방 교육 실적이 없는 경우 제14조(직장 내 성희롱 발생 시 조치) ① 사업주는 직장 내 성희롱 발생이 확인된 경우 지체 없이 가해자에 대하여 징계나 그 밖에 이에 준하는 조치를 하고 성희롱 재발 방지를 위한 조치를 하여야 한다. 제13조의 2(성희롱 예방 교육의 위탁) ④ 고용노동부 장관은 성희롱 예방 교육기관이 다음 각 호의 어느 하나에 해당하면 그 지정을 취소할 수 있다.	제13조의 2(성희롱 예방 교육의 위탁) ① (현행과 같음) ② 사업주가 성희롱 예방 교육기관에 위탁하여 성희롱 예방 교육을 하려는 경우에는 제13조 제5항에 따라 대통령령으로 정하는 내용을 성희롱 예방 교육기관에 미리 알려 그 사항이 포함되도록 하여야 한다. ③ 성희롱 예방 교육기관은 고용노동부령으로 정하는 기관 중에서 지정하되, 고용노동부령으로 정하는 강사를 1명 이상 두어야 한다. ④ 성희롱 예방 교육기관은 고용노동부령으로 정하는 바에 따라 교육을 실시하고 교육이수증이나 이수자 명단 등 교육 실시 관련 자료를 보관하며 사업주나 피교육자에게 그 자료를 내주어야 한다. ⑤ 고용노동부 장관은 성희롱 예방 교육기관이 다음 각 호의 어느 하나에 해당하면 그 지정을 취소할 수 있다.

성희롱 예방 체계와 여성주의 장치

남녀 고용 평등과 일가정 양립 지원에 관한 법률		1. 거짓이나 그 밖의 부정한 방법으로 지정을 받은 경우 2. 제2항에 따른 강사를 두지 아니한 경우 3. 2년 동안 성희롱 예방 교육 실적이 없는 경우	1. 거짓이나 그 밖의 부정한 방법으로 지정을 받은 경우 2. 정당한 사유 없이 제3항에 따른 강사를 3개월 이상 계속하여 두지 아니한 경우 3. 2년 동안 직장 내 성희롱 예방 교육 실적이 없는 경우 ⑥ 〈신설〉 고용노동부 장관은 제5항에 따라 성희롱 예방 교육 기관의 지정을 취소하려면 청문을 하여야 한다.
	제14조(직장 내 성희롱 발생 시 조치) ① 사업주는 직장 내 성희롱 발생이 확인된 경우 지체 없이 가해자에 대하여 징계나 그 밖에 이에 준하는 조치를 하여야 한다.	제14조(직장 내 성희롱 발생 시 조치) ① 사업주는 직장 내 성희롱 발생이 확인된 경우 지체 없이 가해자에 대하여 징계나 그 밖에 이에 준하는 조치를 하고 성희롱 재발 방지를 위한 조치를 하여야 한다.	제14조(직장 내 성희롱 발생 시 조치) ① 누구든지 직장 내 성희롱 발생 사실을 알게 된 경우 그 사실을 해당 사업주에게 신고할 수 있다. ② 사업주는 제1항에 따른 신고를 받거나 직장 내 성희롱 발생 사실을 알게 된 경우에는 지체 없이 그 사실 확인을 위한 조사를 하여야 한다. 이 경우 사업주는 직장 내 성희롱과 관련하여 피해를 입은 근로자 또는 피해를 입었다고 주장하는 근로자(이하 "피해근로자등"이라 한다)가 조사 과정에서 성적 수치심 등을 느끼지 아니하도록 하여야 한다. ③ 〈신설〉 사업주는 제2항에 따른 조사 기간 동안 피해근로자등을 보호하기 위하여 필요한 경우 해당 피해근로자등에 대하여 근무 장소의 변경, 유급휴가 명령 등 적절한 조치를 하여야 한다. 이 경우 사업주는 피해근로자등의 의사에 반하는 조치를 하여서는 아니 된다. ④ 〈신설〉 사업주는 제2항에 따른 조사 결과 직장 내 성희롱 발생 사실이 확인된 때에는 피해근로자가 요청하면 근무장소의 변경, 배치전환, 유급휴가 명령 등 적절한 조치를 하여야 한다.

⑤ 〈신설〉 사업주는 제2항에 따른 조사 결과 직장 내 성희롱 발생 사실이 확인된 때에는 지체 없이 직장 내 성희롱 행위를 한 사람에 대하여 징계, 근무 장소의 변경 등 필요한 조치를 하여야 한다. 이 경우 사업주는 징계 등의 조치를 하기 전에 그 조치에 대하여 직장 내 성희롱 피해를 입은 근로자의 의견을 들어야 한다.

⑥ 〈신설〉 사업주는 성희롱 발생 사실을 신고한 근로자 및 피해근로자등에게 다음 각 호의 어느 하나에 해당하는 불리한 처우를 하여서는 아니 된다.

1. 파면, 해임, 해고, 그 밖에 신분상실에 해당하는 불이익 조치

2. 징계, 정직, 감봉, 강등, 승진 제한 등 부당한 인사 조치

3. 직무 미부여, 직무 재배치, 그 밖에 본인의 의사에 반하는 인사 조치

4. 성과평가 또는 동료평가 등에서 차별이나 그에 따른 임금 또는 상여금 등의 차별 지급

5. 직업능력 개발 및 향상을 위한 교육훈련 기회의 제한

6. 집단 따돌림, 폭행 또는 폭언 등 정신적·신체적 손상을 가져오는 행위를 하거나 그 행위의 발생을 방치하는 행위

7. 그 밖에 신고를 한 근로자 및 피해근로자등의 의사에 반하는 불리한 처우

⑦ 〈신설〉 제2항에 따라 직장 내 성희롱 발생 사실을 조사한 사람, 조사 내용을 보고 받은 사람 또는 그 밖에 조사 과정에 참여한 사람은 해당 조사 과정에서 알게 된 비밀을 피해근로자등의 의사에 반하여 다른 사람에게 누설하여서는 아니 된다. 다만, 조사와 관련된 내용을 사업주에게 보고하거나 관계 기관의 요청에 따라 필요한 정보를 제공하는 경우는 제외한다.

성희롱 예방 체계와 여성주의 장치

남녀 고용 평등과 일가정 양립 지원에 관한 법률	제14조의 2(고객 등에 의한 성희롱 방지) ① 사업주는 고객 등 업무와 밀접한 관련이 있는 자가 업무수행 과정에서 성적인 언동 등을 통하여 근로자에게 성적 굴욕감 또는 혐오감 등을 느끼게 하여 해당 근로자가 그로 인한 고충 해소를 요청할 경우 근무 장소 변경, 배치전환 등 가능한 조치를 취하도록 노력하여야 한다.		제14조의 2(고객 등에 의한 성희롱 방지) ① ‒ 배치전환, 유급 휴가의 명령 등 적절한 조치를 하여야 ‒ ‒ .
	제37조(벌칙) ② 사업주가 다음 각 호의 어느 하나에 해당하는 위반행위를 한 경우에는 3년 이하의 징역 또는 2천만원 이하의 벌금에 처한다. 2. 제14조 제2항을 위반하여 직장 내 성희롱과 관련하여 피해를 입은 근로자 또는 성희롱 발생을 주장하는 근로자에게 해고나 그 밖의 불리한 조치를 하는 경우		제37조(벌칙) ② ‒ 3천만원 ‒ ‒ ‒ ‒ ‒ ‒ ‒ ‒ ‒ ‒ ‒ ‒ . 2. 제14조 제6항을 위반하여 직장 내 성희롱 발생 사실을 신고한 근로자 및 피해근로자등에게 불리한 처우를 한 경우
	제39조(과태료) ② 사업주가 다음 각 호의 어느 하나에 해당하는 위반행위를 한 경우에는 500만원 이하의 과태료를 부과한다.		제39조(과태료) ② 사업주가 다음 각 호의 어느 하나에 해당하는 위반행위를 한 경우에는 500만원 이하의 과태료를 부과한다. 1의 2. 제13조 제1항을 위반하여 성희롱 예방 교육을 하지 아니한 경우 1의 3. 제13조 제3항을 위반하여 성희롱 예방 교육의 내용을 근로자가 자유롭게 열람할 수 있는 장소에 항상 게시하거나 갖추어 두지 아니한 경우 1의 4. 제14조 제2항 전단을 위반하여 직장 내 성희롱 발생 사실 확인을 위한 조사를 하지 아니한 경우 1의 5. 제14조 제4항을 위반하여 근무 장소의 변경 등 적절한 조치를 하지 아니한 경우

남녀 고용 평등과 일가정 양립 지원에 관한 법률	③ 다음 각 호의 어느 하나에 해당하는 자에게는 300만원 이하의 과태료를 부과한다.		1의6. 제14조 제5항 전단을 위반하여 징계, 근무 장소의 변경 등 필요한 조치를 하지 아니한 경우 1의 7. 제14조 제7항을 위반하여 직장 내 성희롱 발생 사실 조사 과정에서 알게 된 비밀을 다른 사람에게 누설한 경우 ③ 다음 각 호의 어느 하나에 해당하는 자에게는 300만원 이하의 과태료를 부과한다. 1의 2. 제14조의 2 제1항을 위반하여 근무 장소 변경, 배치전환, 유급휴가의 명령 등 적절한 조치를 하지 아니한 경우
남녀 고용 평등과 일가정 양립 지원에 관한 법률 시행령	제3조(직장 내 성희롱 예방 교육) ① 사업주는 법 제13조에 따라 직장 내 성희롱 예방을 위한 교육을 연 1회 이상 하여야 한다. ② 제1항에 따른 예방 교육에는 다음 각 호의 내용이 포함되어야 한다. 1. 직장 내 성희롱에 관한 법령 2. 해당 사업장의 직장 내 성희롱 발생 시의 처리 절차와 조치 기준 3. 해당 사업장의 직장 내 성희롱 피해 근로자의 고충상담 및 구제 절차 4. 그 밖에 직장 내 성희롱 예방에 필요한 사항	제3조(직장 내 성희롱 예방 교육) ① 사업주는 법 제13조에 따라 직장 내 성희롱 예방을 위한 교육을 연 1회 2시간 이상 하여야 한다. ② 제1항에 따른 예방 교육에는 다음 각 호의 내용이 포함되어야 한다. 1. 직장 내 성희롱에 관한 법령 2. 성희롱 발생 원인 및 성희롱 개념 3. 고용상 차별과 조직 문화 4. 해당 사업장의 직장 내 성희롱 발생 시의 처리 절차와 조치 기준 5. 해당 사업장의 직장 내 성희롱 피해 근로자의 고충상담 및 구제 절차 6. 직장 내 성희롱 예방을 위한 전략 7. 그 밖에 직장 내 성희롱 예방에 필요한 사항	

성희롱 예방 체계와 여성주의 장치

③ 제1항에 따른 예방 교육은 사업의 규모나 특성 등을 고려하여 직원연수 · 조회 · 회의, 인터넷 등 정보통신망을 이용한 사이버 교육 등을 통하여 실시할 수 있다. 다만, 단순히 교육자료 등을 배포 · 게시하거나 전자우편을 보내거나 게시판에 공지하는 데 그치는 등 근로자에게 교육 내용이 제대로 전달되었는지 확인하기 곤란한 경우에는 예방 교육을 한 것으로 보지 아니한다.

④ 제2항 및 제3항에도 불구하고 다음 각 호의 어느 하나에 해당하는 사업의 사업주는 제2항제1호부터 제4호까지의 내용을 근로자가 알 수 있도록 교육자료 또는 홍보물을 게시하거나 배포하는 방법으로 직장 내 성희롱 예방 교육을 할 수 있다.

1. 상시 10명 미만의 근로자를 고용하는 사업

2. 사업주 및 근로자 모두가 남성 또는 여성 중 어느 한 성(性)으로 구성된 사업

〈신설〉

③ 제1항에 따른 예방 교육은 강의로 이루어지는 것을 원칙으로 하며, 다음 각 호의 내용을 설명 시 토론방법으로 이루어져야 한다.

1. 성희롱 발생 원인

2. 직장 내 성희롱 발생 시 피해 내용

3. 직장 내 성희롱 예방을 위한 전략

④ 제1항에 따른 예방 교육은 사업의 규모나 특성 등을 고려하여 직원연수 · 조회 · 회의, 인터넷 등 정보통신망을 이용한 사이버 교육 등을 통하여 실시할 수 있다. 다만, 정보통신망을 이용한 사이버 교육은 행정기관이 제공하는 자료 또는 고용노동부 장관이 지정하는 기관에 위탁하여 실시하여야 하며, 단순히 교육자료 등을 배포 · 게시하거나 전자우편을 보내거나 게시판에 공지하는 데 그치는 등 근로자에게 교육 내용이 제대로 전달되었는지 확인하기 곤란한 경우에는 예방 교육을 한 것으로 보지 아니한다. 또한, 2회 연속 강의에 의한 교육이 이루어지지 않은 경우 유효한 교육을 실시한 것으로 보지 않는다.

⑤ 제2항 내지 제4항에도 불구하고 다음 각 호의 어느 하나에 해당하는 사업의 사업주는 제2항 제1호부터 제4호까지의 내용을 근로자가 알 수 있도록 교육자료 또는 홍보물을 게시하거나 배포하는 방법으로 직장 내 성희롱 예방 교육을 할 수 있다. 다만, 2회 연속 강의에 의한 교육이 이루어지지 않은 경우 유효한 교육을 실시한 것으로 보지 않는다.

남녀 고용 평등과 일가정 양립 지원에 관한 법률 시행령		1. 상시 10명 미만의 근로자를 고용하는 사업 2. 사업주 및 근로자 모두가 남성 또는 여성 중 어느 한 성(性)으로 구성된 사업 ⑥ 국가와 지방자치단체는 직장 내 성희롱을 예방하여 안전하고 쾌적한 작업 환경이 조성될 수 있도록 매년 성희롱 실태 조사 및 연구 지원을 하여야 하며 업종, 규모, 성별, 대상 등 기업의 특성에 맞는 성희롱 예방 교육 및 관련 자료를 매년 제공하여야 한다. ⑤ → ⑦항 변경	
		〈신설〉 제3조의 2(직장 내 성희롱 예방 교육 강사의 조건) ① 직장 내 성희롱 예방 교육 강사와 법 제13조의 2제2항에서 "고용노동부령으로 정하는 강사"란 다음 각 호의 어느 하나에 해당하는 강사 양성 교육을 수료한 강사를 말한다. 강사 양성 교육 내용은 시행규칙으로 정한다. 1. 고용노동부 장관이 직접 실시하는 강사 양성 교육 2. 고용노동부 장관이 교육 과정을 승인하거나 비용의 전부 또는 일부를 지원하는 강사 양성 교육 ② 다만, 제 1항의 강사 양성 교육을 이수하지 않은 경우에도 다음 각 호에 해당하는 사람은 필요한 교육을 이수하면 직장 내 성희롱 예방 교육 강사로 활동할 수 있다. 1. 변호사, 공인 노무사 또는 노동법 관련 업무에 3년 이상 종사한 사람 2. 「고등교육법」에 따른 학교에서 사회학·심리학·여성학·경제학·법학 관련 분야를 전공한 사람 3. 고용평등상담소 및 성폭력상담소에서 관련 업무에 3년 이상 종사한 사람으로서 하래 실무 경력이 있는 사람	

남녀 고용 평등과 일가정 양립 지원에 관한 법률 시행령		가. 차별 및 성희롱 사례 및 기타 차별 사례 신고에 대한 대응 나. 성희롱 사건 조사 다. 차별 및 성희롱 예방에 대하여 상담을 제공 ③ 강사는 2년마다 보수교육을 이수하여야 하며, 보수교육에 관한 내용은 시행규칙으로 정한다.	
남녀 고용 평등과 일가정 양립 지원에 관한 법률 시행규칙	제6조(성희롱 예방 교육기관의 지정 등) ② 고용노동부 장관은 법 제13조의 2제2항에 따라 다음 각 호의 어느 하나에 해당하는 기관 중에서 성희롱 예방 교육기관을 지정하여야 한다. 1. 사업주단체 2. 「공인노무사법」 제7조의 2에 따른 노무법인 3. 법 제23조에 따라 비용을 지원받는 민간단체 4. 「독점규제 및 공정거래에 관한 법률」 제2조 제2호에 따른 기업집단이 운영하는 연수·교육 시설	제6조(성희롱 예방 교육기관의 지정 등) ② 고용노동부 장관은 법 제13조의 2제2항에 따라 다음 각 호의 어느 하나에 해당하는 기관 중에서 성희롱 예방 교육기관을 지정하여야 한다. 1. 사업주단체 2. 「공인노무사법」 제7조의 2에 따른 노무법인 3. 법 제23조에 따라 비용을 지원받는 민간단체 4. 성희롱 관련 연구 실적이 있거나 상담 및 지원을 하는 민간단체 5. 「독점규제 및 공정거래에 관한 법률」 제2조 제2호에 따른 기업집단이 운영하는 연수·교육 시설 〈신설〉 제6조의 2(성희롱 예방 교육 강사 양성 과정 등) ① 성희롱 예방 교육 강사 양성 교육시 아래 각 호의 내용을 포함하여야 하며 교육시간은 아래 내용을 충분히 숙지할 수 있는 시간으로 구성되어야 한다. 1. 성희롱 예방 교육 필요성 2. 성희롱 개념 3. 성희롱 발생 원인 4. 직접차별 및 간접차별 개념 5. 성인지적 관점 6. 한국의 성문화 및 조직 문화 7. 사내 구제 절차 8. 행정기관을 통한 구제 절차	

<table>
<tr><td>남녀
고용
평등과
일가정
양립
지원에
관한
법률
시행
규칙</td><td>

9. 성희롱 예방 전략
10. 강의 방법
11. 기타 성희롱 예방과 해결을 위한 내용
12. 교육 내용별 평가
② 다만, 시행령 제3조2의②항의 요건을 갖춘 자는 ①항의 교육 내용 중 인정받지 못한 과목을 이수한 경우 강사로 활동할 수 있다.
③ 강사 양성기관의 강사는 다음의 요건을 갖추어야 한다.
1. 변호사, 공인 노무사 또는 노동 관련 업무에 5년 이상 종사한 사람
2. 「고등교육법」에 따른 학교에서 사회학·심리학·여성학·경제학·법학 관련 분야를 전공하고 성희롱 예방 관련 분야 강의 경력 5년 이상인 자
3. 고용평등상담소 및 성폭력 상담소에서 관련 업무에 5년 이상 종사한 사람으로서 하래 실무 경력이 있는 사람
가. 차별 및 성희롱 사례 및 기타 차별 사례 신고에 대한 대응
나. 성희롱 사건 조사
다. 차별 및 성희롱 예방에 대하여 상담을 제공

</td><td></td></tr>
<tr><td></td><td>

제7조(성희롱 예방 교육기관의 지정 절차) ④ 제3항에 따라 성희롱 예방 교육기관으로 지정받은 자는 지정받은 내용 중 명칭·소재지 및 대표자에 관한 사항이 변경된 경우에는 별지 제3호서식의 직장 내 성희롱 예방 교육기관 변경 신청서에 변경 사실을 증명할 수 있는 서류와 제3항에 따라 발급받은 지정서를 첨부하여 지방고용노동관서의 장에게 제출하여야 한다. 이 경우 변경 신청서의 처리에 관하여는 제3항을 준용한다

</td><td>

제7조(성희롱 예방 교육기관의 지정 절차) ④ 제3항에 따라 성희롱 예방 교육기관으로 지정받은 자는 지정받은 내용 중 명칭·소재지 및 대표자에 관한 사항·강사에 관한 사항이 변경된 경우에는 별지 제3호서식의 직장 내 성희롱 예방 교육기관 변경 신청서에 변경 사실을 증명할 수 있는 서류와 제3항에 따라 발급받은 지정서를 첨부하여 지방고용노동관서의 장에게 제출하여야 한다. 이 경우 변경 신청서의 처리에 관하여는 제3항을 준용한다.

</td></tr>
</table>

성희롱 예방 체계와 여성주의 장치

[표 11] 각 법령별 목적과 성희롱 정의 및 규정[1]

법 (담당기관)	법 규정 목적	정의	성희롱 관련 기관
남녀고용 평등법 (고용노동부)	남녀고용평등을 실현 과 근로자일가정의 양 립을 지원	제2조(정의) 2. "직장 내 성희롱"이란 사업주·상급자 또는 근로자가 직장 내의 지위를 이용하거나 업무와 관련 하여 다른 근로자에게 성적 언동 등으 로 성적 굴욕감 또는 혐오감을 느끼게 하거나 성적 언동 또는 그 밖의 요구 등에 따르지 아니하였다는 이유로 고 용에서 불이익을 주는 것을 말한다.	제2조(정의), 제12조(직장 내 성희롱 금지), 제13조(직장 내 성희롱 예방 교육), 제13 조의 2(성희롱 예방 교육의 위탁), 제14조(직장 내 성희 롱 발생 시 조치), 제14조의 2(고객 등에 의한 성희롱 방지)
양성평등 기본법 (여성가족부)	정치·경제·사회·문 화의 모든 영역에서 양 성평등을 실현	"성희롱"이란 업무, 고용, 그 밖의 관 계에서 국가기관·지방자치단체 또는 대통령령으로 정하는 공공단체(이하 "국가기관"이라 한다)의 종사자, 사 용자 또는 근로자가 다음 각 목의 어 느 하나에 해당하는 행위를 하는 경우 를 말한다. 가. 지위를 이용하거나 업 무 등과 관련하여 성적 언동 또는 성 적 요구 등으로 상대방에게 성적 굴 욕감이나 혐오감을 느끼게 하는 행위. 나. 상대방이 성적 언동 또는 요구에 대한 불응을 이유로 불이익을 주거나 그에 따르는 것을 조건으로 이익 공여 의 의사표시를 하는 행위	제3조(정의), 제30조(성폭 력·가정폭력·성매매 범 죄의 예방 및 성희롱 방지), 제31조(성희롱 예방 교육 등 방지조치), 제32조(성희 롱 실태 조사)
국가인권 위원회법 (국가인권 위원회)	개인의 기본적 인권을 보호하고 그 수준을 향 상시킴으로써 인간으 로서의 존엄과 가치를 실현하고 민주적 기본 질서의 확립	성희롱[업무, 고용, 그 밖의 관계에 서 공공기관(국가기관, 지방자치단체, 「초·중등교육법」 제2조, 「고등교육 법」 제2조와 그 밖의 다른 법률에 따 라 설치된 각급 학교, 「공직자윤리법」 제3조의 2제1항에 따른 공직유관단체 를 말한다)의 종사자, 사용자 또는 근 로자가 그 직위를 이용하여 또는 업무 등과 관련하여 성적 언동 등으로 성적 굴욕감 또는 혐오감을 느끼게 하거나 성적 언동 또는 그 밖의 요구 등에 따 르지 아니한다는 이유로 고용 상의 불 이익을 주는 것을 말한다] 행위	제2조(정의)

---

1 * 남녀고용평등과일가정양립지원에관한법률 내용을 기초로 작성.
  ** 양성평등기본법 내용을 기초로 작성.
  ***국가인권위원회법 내용을 기초로 작성.

1. 국내 문헌

강인영, 「성희롱 개념의 해석과 적용에 관한 여성주의적 고찰」, 이화여자대
　　　학교 대학원 석사학위 논문, 2012.

강준만, 『룸살롱 공화국』, 인물과사상사, 2011

국가인권위원회, 『국가인권위원회 결정례집 : 성희롱(제1집)』, 2007.

————————, 『국가인권위원회 결정례집 : 성희롱(제2집)』, 2009.

————————, 『국가인권위원회 결정례집 : 성희롱(제3집)』, 2010.

————————, 『국가인권위원회 결정례집 : 성희롱(제4집)』, 2011.

————————, 『국가인권위원회 결정례집 : 성희롱(제5집)』, 2012.

————————, 『국가인권위원회 결정례집 : 성희롱(제6집)』, 2014.

국미애, 「직장 내 성희롱 규제의 필요성 제고를 위한 사용자 책임 강화 방
　　　안」, 이화여자대학교 대학원 석사학위 논문, 2003.

———, 『성희롱과 법의 정치』, 서울 : 푸른사상사, 2004.

———, 「법제화의 성과를 인정하면서 법제화의 틀에 갇히지 않기 위하여」,

한국여성민우회 창립 20주년 기념 노동 심포지엄 발표문(2007. 10).

권김현영 · 루인 · 정희진 · 나영정 · 엄기호 · 함채윤, 『남성성과 젠더』, 서울 : 자음과모음, 2011.

김금란, 「직장 내 성희롱 인식에 영향을 미치는 요인 연구」, 한양대학교 석사학위 논문, 2004.

김나현, 「성희롱 피해자와 조력자에 대한 불이익 조치의 집약판」, 『함께 가는 여성』 제217호, 한국여성민우회, 2014, 6~9쪽.

김민정, 「젠더 관점에서의 직장 내 성희롱 관련 판례 및 결정례에 관한 연구」, 이화여자대학교 대학원 석사학위 논문, 2012.

김은실, 『여성의 몸, 몸의 문화정치학』, 서울 : 또하나의문화, 2001.

김선희, 「경기도 성평등 교육 전문 강사 양성 실태 및 표준 교육안 개발」, (재)경기도 가족여성연구원, 2010.

김성훈, 「미국의 직장 내 성희롱 문제, 국제노동동향 ⑤-미국」, 『국제노동브리프』 제4권 6편, 한국노동연구원, 2006, 110~116쪽.

김양지영 · 이경은, 「직장 내 성희롱, 무엇을 교육하는가? : 현미경으로 들여다본 교육 내용」, 여성학과 창립 30주년 기념 행사 〈여성학, 돌(아)보다〉, 이화여자대학교 여성학과, 2013(미간행).

김엘림, 『직장 내 성희롱의 법적 대책방안 연구』, 한국여성개발원, 1997.

———, 「직장 내 성희롱의 법적 개념과 판단 기준」, 『노동법학』 제32호, 2009, 309~347쪽.

———, 「성희롱의 방지에 관한 사용자의 법적 책임」, 『노동법학』 제34호, 2010, 185~222쪽.

———, 『[광복 후 2012년까지] 성차별 관련 판례와 결정례 연구』, 서울 : 에피스테메, 2013.

성희롱 예방 체계와 여성주의 장치

김유선 · 정형옥 · 진희경 · 김종진, 「직장 내 성희롱의 적극적 예방제도 도입방안」, 고용노동부, 2004.

김은미 · 김재석 · 김엘림 · 박선영, 「국가인권위원회 성희롱 진정 사건 백서」, 국가인권위원회, 2012.

김정혜 · 소라미 · 윤지영 외, 「여성 노동자 직장 내 성희롱 실태 조사 및 대안 연구」, 전국민주노동조합총연맹, 공인변호사 그룹 공감, 2011.

김훈 · 문강분 · 이희진 · 신수정, 『여성노동분쟁의 해결시스템 및 개선과제』, 한국노동연구원, 2009.

너굴 · 달개비 · 로이 · 썬 · 쎄러 · 오이 · 하나, 『순간』, 한국여성민우회 성폭력상담소, 2015.

박귀천, 「성희롱 피해자의 보호에 관한 입법론적 고찰」, 『이화여성젠더법학』 제3권 제1호, 2011, 1~31쪽.

박귀천 · 이희진 · 민대숙 · 이영희 · 김선미, 「성희롱예방 교육 현황분석과 표준교육모델 개발」, 여성가족부, 2012.

박귀천 · 박은정 · 김미영 · 김진 · 민대숙 · 신수정, 「직장 내 성차별 · 성희롱 실태 조사 및 예방 강화 방안 연구」, 고용노동부, 2014.

박봉정숙 · 김민문정, 「평범한 용기, 직장 내 성희롱, 모두를 위한 안내서」, 한국여성민우회, 2015.

박선영, 「성차별 · 성희롱 시정에 대한 성과와 과제」, 『공법연구』 제35집 제2호 2권, 2006, 135~175쪽.

———, 「한국의 성희롱 관련법은 피해자 구제와 예방에 효과적인가」, 한국여성정책연구원 한일 여성포럼 〈성희롱 문제 한 · 일 비교〉 발표문, 2013.6.5, 11~40쪽.

박선영 · 구미영, 김혜진, 「기업 등 조직에서의 성희롱 예방 체계 강화방안 연구」, 한국여성정책연구원, 2014.

박선영·박복순·권혜자·김원정,『남녀고용평등법 시행 20년의 성과와
　　　과제』, 한국여성정책연구원, 2009.

박선영·박복순·김진,「고용상 차별 관련 정책의 효율성 제고방안」, 고용
　　　노동부, 2008.

박선영·박복순·송효진·김진,「성희롱 관련 법제에 관한 입법적 평가」,
　　　한국법제연구원, 2011.

배지선,「'성폭력' 개념 확장과 '성폭력' 경험 인식 과정에 관한 연구」, 이화
　　　여자대학교 석사학위 논문, 2003.

변혜정,「성희롱 법적 판단 기준과 피해의미의 딜레마 : 법 경험의 틈새를
　　　성찰하는 '피해자' 관점을 중심으로」,『한국여성학』 제24권 제3호,
　　　2008, 111~145쪽.

———,「차별의 관점에서의 성희롱 판단과 해결과제」, 국가인권위원
　　　회 출범 10주년 토론회 〈차별시정 10년, 차별의 재발견〉 발표문,
　　　2011.11.30, 51~78쪽(미간행).

박희정,『당신, 그렇게 까칠해서 직장생활 하겠어?』, 한국여성민우회 감수,
　　　서울 : 길찾기, 2012.

서울여성노동자회·한국성폭력상담소·한국여성민우회,「직장 내 성희롱
　　　법제화 10년, 가야 할 길을 묻다 1/2 − 직장 내 성희롱 개념, 인권
　　　당사에게 묻다」 토론회 자료집, 2008.10.15.

안정은,「누가 교육하는가? : 강사양성기관 및 위탁 기관−성희롱예방 교육
　　　강사의 재생산 구조」, 여성학과 창립 30주년 기념 행사 〈여성학, 돌
　　　(아)보다〉, 이화여자대학교 여성학과, 2013(미간행).

여성노동법률지원센터,「직장 내 성희롱에서의 사용자 책임」, 세미나 자료,
　　　2009.12.17.

오세혁·정화성·강은애,「공공기관 성희롱 사건 처리 매뉴얼 개발」, 여성

가족부, 2012.

원미혜, 「'성판매 여성' 섹슈얼리티의 공간적 수행과 정체성의 (재)구성」, 『여성학논집』 제28집 1호, 2011, 43~78쪽.

이달휴, 『미국과 캐나다의 제3자 성희롱에 대한 법적 구제』, 한국법제연구원, 2012.

이나영 · 김교성 · 이현정, 「공공기관 근로자의 성희롱 인식 수준과 예방적 개입의 중요성」, 『한국사회복지조사연구』 제41권, 2014, 33~58쪽.

이성은, 「직장 내 성희롱 순응과 저항에 관한 일 연구」, 이화여자대학교 대학원 석사학위 논문, 1995.

────, 「성희롱─이성애제도─조직 문화 그 연관성에 관한 고찰」, 『한국여성학』 제19권 2호, 2003, 209~239쪽.

이소희, 「작동하지 않는 법, 고용평등법 제 14조 2항 불이익조치 금지」, 『반성폭력』 제8권, 한국성폭력상담소, 2014, 32~37쪽,

이영면, 「노사협의회 운영 실태 조사 및 개선방안 연구 결과보고서」, 고용노동부, 2008.

이윤희, 「한국의 문화 : 문화정체성 형성 요인에 관한 논구」, 『한국사상과 문화』, 2009, 635~651쪽.

이은심, 「남성의 성문화를 통해 본 직장 내 성희롱 인식에 관한 연구─30대 대졸 사무직 남성들을 중심으로」, 이화여자대학교 대학원 석사학위 논문, 2010.

이성숙 · 안태윤 · 박민주, 『성희롱 예방 교육 컨텐츠 개발 : 해외사례 중심으로』, 한국양성평등교육진흥원, 2011.

이재경 · 마경희, 「직장 내 성희롱 실태 및 법적 규제에 대한 조사연구」, 『여성학논집』 제19호, 2002, 71~86쪽.

이혜경, 「온라인 예방 교육, 직장 내 성희롱 예방 교육의 무법지대에 서서,

여성학돌(아)보다」, 여성학과 창립 30주년 기념 행사 〈여성학, 돌
(아)보다〉, 이화여자대학교 여성학과, 2013(미간행).

───, 「직장 내 성희롱 예방 및 구제 방안으로서 징벌적 손해배상 제도에
관한 연구」, 이화여자대학교 대학원 석사학위 논문, 2014.

신성자, 「직장에서 발생하는 성적 성가심의 유형, 부정적 영향 그리고 피해
여성의 개인적 상황적 특성에 관한 연구」, 『사회과학연구』 5집, 사
회과학연구소, 1993.

장필화, 「한국의 성문화 : 남성 성문화를 중심으로」, 『여성학논집』 제8권,
1991, 127~170쪽.

장필화 · 김정희 · 안연선 · 이명선 · 이미경, 「직장 내 '성희롱'에 대한 이해
와 대치 방안의 모색」, 『여성학논집』 제11권, 1994, 113~145쪽.

정순호, 「서비스업종별 재해형태에 따른 산업안전보건정책 적용방안 연
구」, 조선대학교 대학원 박사학위 논문, 2011.

정형옥, 「남녀고용평등의 법적 실효성 고찰 : 해고소송사건을 중심으로」, 이
화여자대학교 대학원 박사학위 논문, 2008.

───, 『여성노동권과 법의 정치』, 서울 : 푸른사상사, 2009).

조순경, 「경제 위기와 고용평등의 조건」, 조순경 편, 『노동과 페미니즘』, 이
화여자대학교 출판부, 2000.

───, 『노동의 유연화와 가부장제』, 서울 : 푸른사상사, 2011.

조순경 · 여난영 · 이숙진, 「여성노동과 성적통제」, 『한국여성학』 제5집,
1989, 164~186쪽.

조순경 · 한승희 · 정형옥 · 정경아 · 김선욱, 『간접차별 이론과 여성노동의
현실』, 서울 : 푸른사상사, 2007.

최윤정, 「'산업재해'로서의 직장 내 성희롱에 관한 연구」, 이화여자대학교
대학원 석사학위 논문, 2004.

한국여성정책연구원 · 한국법제연구원, 「성희롱 관련법은 성희롱 피해자 구제와 예방에 효과적인가」, 성희롱 관련법제 입법평가 토론회 자료집, 2011.9.26.

한국여성학회, 「'폭력예방 교육'을 말하다 : 현장으로부터, 새로운 모색을 위하여」, 한국여성학회 2015년 1차 학술포럼 발표문, 2015.4.24.

한국여성노동자회, 『2014년 평등의 전화 상담 사례집』, 2015.

한국여성연구소, 『새 여성학 강의: 한국사회, 여성, 젠더』, 서울 : 동녘, 1999.

한국산업안전보건공단, 「공인노무사를 위한 산업안전보건」, 2011

한국성폭력상담소 기획, 변혜정 편, 『섹슈얼리티 강의, 두 번째』, 서울 : 동녘, 2006.

한국성폭력상담소, 『성폭력, 법정에 서다』, 서울 : 푸른사상사, 2007.

홍순구 · 조재형 · 이대형, 「한국과 미국 정부기관의 웹사이트 접근성 평가」, 『한국경영정보학회』 제7집, 2007, 81~96쪽.

라마자노글루, 카롤라인, 『푸코와 페미니즘 : 그 긴장과 갈등』, 최영 외 역, 서울 : 동문선, 1997[Ramazanoglu, C. *Up Against Foucault*, 1993].

무타 카즈에, 『부장님, 그건 성희롱입니다』, 박선영 외 역, 서울 : 나름북스, 2015(Muta Kazue, 『部長、それはセクハラです！』, 2013)

미헨, R. 아일린 · 리오던 엘렌, 『섹스와 돈 : 페미니즘과 정치경제학 그리고 미디어』, 김선남 · 정현욱 역, 서울 : 커뮤니케이션북, 2009[Meehan, R. Eileen, Ellen Riordan, *Sex & Money: Feminism and Political Economy in the Media*, 2002].

오에노 치즈코, 『여성혐오를 혐오한다』, 나일동 역, 서울 : 은행나무, 2012 [Ueno, Chizuko, *Onna Girai-Nippon No Misogyny*, 2010].

월쇼, 로빈, 『그것은 썸도 데이트도 섹스도 아니다』, 한국성폭력상담소 부설연구소 울림 역, 서울 : 일다, 2015[Warshaw, Robin, *I Never Called it Rape*, 1988].

위스, 제프리, 『섹슈얼리티 : 성의 정치』, 서동진 · 채규형 역, 서울 : 현실문화연구, 1997[Weeks, Jeffrey, *Sexuality*, 1986]

푸코, 미셸, 『성의 역사 1』, 이규현 역, 서울 : 나남, 1990[Foucault, M., *De la Sexualite*, 1976].

프레이리, 파울로, 『페다고지 : 억눌린 자를 위한 교육』, 성찬성 역, 서울 : 한마당, 1995[Freire, Paulo, *Pedagogy of the Oppressed*, 1970].

하이트, 셰어, 『기업과 섹슈얼리티』, 이경미 역, 서울 : 굿모닝미디어, 2002 [Hite, Shere, *Sex & Business*, 2000].

2. 국외 문헌

Hubbard, Philip, *Sex and the City: Geographies of Prostitution in the Urban West*, Farnham: Ashgate Pub Ltd, 1999.

Kelly, L. Surviving Sexual Violence, Oxford: Basil Blackwell Ltd, 1988.

MacKinnon, Catharine A. (1979), Sexual Harassment of Working Womens: A Case Of Sex Discrimination, Yale University Press.

EEOC, *"Policy Guidance on Current Issues of Sexual Harassment"*, 1990. http://www.eeoc.gov/policy/docs/currentissues.html

――――, "Enforcement guidance: Vicarious Employer Liability for Unlawful Harassment by Supervisors", 1999. http://www.eeoc.gov/policy/docs/harassment.html

성희롱 예방 체계와 여성주의 장치

————, "On-site Training", 1999. http://www.eeoc.gov/policy/docs/harassment.html

State of Connecticut, "Regulation for Sexual Harassment Posting & Training Requirements", 1993. http://portal.ct.gov/Search.aspx?q=sexual harassment

LOHP & MASSCOSH, "Preventing Violence in Workplace, A Health and Safety Curriculum for Young Workers", 2009. http://www.ctdol. state.ct.us/youngworkersafety/workplaceviolence-curriculum.pdf

State of California, "State Of California Department Of Justice", 2006. http:// www.dfeh.ca.gov/Publications_StatLaws_SexHarrass.htm

————, "Workplace Discrimination and Harassment", 2006. http:// www.dfeh.ca.gov/Publications_StatLaws_SexHarrass.htm

————, "Fair Employment and Housing Commission's Sexual Harassment Training and Education Regulations", 2006. http://www. dfeh.ca.gov/Webinars.htm

————, "Ca Department of Fair Employment and Hosing Equal Rights 101 Lesson Plan", 2006. http://www.dfeh.ca.gov/ER101LessonPlan.htm

————, "California Department of Public Health, Sexual Harassment Prevention Policy", 2008. http://www.dfeh.ca.gov/Publications_StatLaws_SexHarrass.htm

State of Maine, "A Guide to Protection from Abuse and Harassment Actions", 2013. http://www.maine.gov/legis/opla/harass.htm

————, "The Maine Human Fights Act Prohibits Sex Discrimination, Know Your Legal Rights and Responsibilities-Sexual Harassment

Trainer's Referral List", 2013. http://www.maine.gov/mhrc/resources/

Commonwealth of Pennsylvania, "Sexual Harassment: Awareness and Prevention Training for Managers", Office of General Counsel & OA, Equl Employment Opportunity Division, 2014. http://www.portal.state. pa.us/portal/server.pt